i-Manuel

LA SOLUTION NUMÉR
POUR ENRICHIR L'EN

AF955880

- **En usage collectif,** pour animer la classe et vidéoprojeter les activités et les corrections.
- **En usage individuel** pour motiver et faire travailler les élèves sur poste informatique.

COMMENT ACCÉDER À VOTRE i-Manuel ÉLÈVE

Pour ACTIVER votre i-Manuel

▶ Transmettez votre clé d'activation imprimée ci-dessous à votre enseignant qui, en retour, vous communiquera vos **identifiant** et **mot de passe**.

votre clé d'activation élève

BP24-EG23S-APYG5

PRONOTE.net

Votre établissement est équipé de Pronote.net : activez et accédez à votre i-Manuel avec vos identifiants Pronote depuis Pronote.net

Ensuite, pour vous CONNECTER

▶ Rendez-vous sur **www.i-manuel.fr** et connectez-vous à votre espace élève avec vos **identifiant** et **mot de passe**.

À SAVOIR

- Votre clé d'activation élève est unique et personnelle, une fois utilisée, elle ne sera plus valide. Elle offre un accès à un seul élève pour une période de 24 mois (à compter de la première activation) et ne peut être réutilisée par d'autres élèves les années suivantes.
- L'activation des licences i-Manuel des élèves est laissée au libre choix de l'enseignant et l'ouvrage imprimé peut toujours être utilisé seul.

Pour l'enseignant : rendez-vous sur **www.nathan.fr/i-manuel** pour contacter votre délégué pédagogique Nathan, disposer de toutes les informations pratiques pour créer vos classes, activer les licences de vos élèves et équiper vos élèves de nouvelles licences.

Nathan
TECHNIQUE

Compétences BTS

DROIT

BTS 2e ANNÉE

Sous la direction de Patrick Mercati
Professeur agrégé d'économie et gestion

Marie-Hélène Bonifassi
Professeur agrégée d'économie et gestion

Florence Demirdjibashian
Professeur agrégée d'économie et gestion

Laurence Place-Virot
Professeur certifiée d'économie et gestion

TECHNIQUE

Édition : Angélique Brézillon / Anne-Sophie Perret

Conception couverture : Vincent Rioult

Conception maquette : Graph'm : Aude Paradis / Evelyn Audureau

Mise en pages : Irilys

Recherche iconographique : Katia Davidoff

Fabrication : Olivier Le Gall

Avril 2015, ISBN 978-2-09-163768-6

THÈME 4 ■ L'immatériel dans les relations économiques

THÈME 5 ■ L'entreprise face au risque

1

L'offre en ligne et le contrat électronique

SITUATION

Après avoir travaillé plusieurs années pour une entreprise d'animation américaine de la Silicon Valley, Alex Mirelli a regagné la France afin de créer sa propre affaire de production et de vente de jeux pour ordinateurs, consoles, smartphones, tablettes Android et iPad.

Ayant su fédérer quelques apporteurs de capitaux, Alex a créé son entreprise, Jeux-mirel.com, et embauché quelques techniciens et concepteurs.
Le siège social de la jeune société se trouve à Grenoble.
Alex a décidé, en parfaite cohérence avec le marché auquel il s'adresse, de commercialiser ses produits exclusivement sur Internet, son commerce portant aussi bien sur des produits livrés sous blister que sur des jeux à télécharger en ligne.

Il sait que ce mode de distribution est en plein essor et il n'a eu aucune difficulté à trouver les personnes compétentes pour la création de son site professionnel.

Vidéo 1.1 « Apple épinglé pour sa simplicité aux États-Unis »

1. Selon vous, pourquoi Alex a-t-il choisi de privilégier la distribution de ses produits par Internet ?
2. De quels investissements est-il dispensé par rapport à un commerce traditionnel ?
3. Quels sont les clients de la société Jeux-mirel.com ?
4. Pourquoi peut-on parler d'une dématérialisation des contrats qu'il va conclure avec ses clients ?

1 Apprécier si l'offre commerciale électronique est conforme au droit

A La spécificité de l'offre en ligne et les dangers liés à Internet

DOCUMENT 1 L'offre en ligne au service de la vente à distance

L'entreprise Jeux-mirel.com a pour objectif de vendre ses produits exclusivement sur Internet. Alex Mirelli a le sentiment qu'il s'agit là du seul choix vraiment en phase avec son offre.

Le commerce électronique est une vente à distance. L'article 14 de la loi pour la confiance dans l'économie numérique du 21 juin 2004 définit le commerce électronique comme « l'activité économique par laquelle une personne propose ou assure à distance et par voie électronique la fourniture de biens ou de services ».

La simplicité du Web et le fait que sa technologie soit accessible gratuitement et librement ont permis à l'outil d'être adopté par la société [...]. Il donne de nouvelles opportunités [...] pour communiquer, commercer, échanger ou même s'informer. Selon un rapport de l'UIT d'octobre 2012 (agence spécialisée de l'ONU sur les télécommunications), environ un tiers de la population mondiale serait désormais connectée à Internet [...]. La spécificité et l'attrait pour ce réseau résident dans son caractère mondial et instantané.

www.scprennes.hypotheses.org

1. En quoi l'offre en ligne vous semble-t-elle adaptée à la cible et aux produits de Jeux-mirel.com ?
2. Au plan géographique, qu'est-ce qui caractérise la portée de ce type d'offre ?
3. Est-ce un avantage ou une source de problème pour les clients potentiels ? Justifiez votre réponse.

DOCUMENT 2 Le caractère intrusif d'Internet

Alex Mirelli est entouré de spécialistes d'Internet et il est prêt à exploiter toutes les techniques qui permettent de se constituer un fichier clients et à user des formes adaptées de publicité. Cookies et spams lui semblent des « armes » à ne pas négliger !

1. LES COOKIES

Lorsqu'ils naviguent sur le Web ou utilisent des applications mobiles, les utilisateurs sont de plus en plus suivis par différents acteurs (éditeurs de service, régies publicitaires, réseaux sociaux, etc.) qui analysent leur navigation, leurs déplacements et leurs habitudes de consultation ou de consommation, afin notamment de leur proposer des publicités ciblées ou des services personnalisés. Ce traçage est réalisé par l'intermédiaire de différentes technologies, dont la plus répandue est aujourd'hui celle des cookies. [...]
Le terme de cookies est à prendre au sens large et couvre l'ensemble des traceurs déposés et/ou lus, par exemple, lors de la consultation d'un site Internet, de la lecture d'un courrier électronique, de l'installation ou de l'utilisation d'un logiciel ou d'une application mobile.

www.cnil.fr

2. LES SPAMS

Qu'est-ce qu'un spam ? Le spamming ou spam est l'envoi massif, et parfois répété, de courriers électroniques non sollicités à des personnes avec lesquelles l'expéditeur n'a jamais eu de contact et dont les adresses mails ont été captées de façon irrégulière. Près de 90 % de tous les courriers électroniques envoyés sont des spams [...]
Les spams font généralement la promotion de biens et/ou de services illicites ou difficiles à écouler sur les circuits de vente ordinaires : contrefaçon (diplômes, montres, médicaments, etc.), pornographie, jeux d'argent, conseils boursiers, renvois vers des sites Internet, faux logiciels antivirus, etc.

D'après http://assistance.orange.fr

4. Dans quelle mesure les cookies constituent-ils des outils de marquage indiscrets des internautes ?
5. En quoi les spams apparaissent-ils comme des intrusions inacceptables dans la correspondance en ligne ?

B La protection du cocontractant

DOCUMENT 3 La réglementation de l'usage des cookies

L'influence du droit européen
La directive 2009/136/CE pose le principe selon lequel le stockage d'informations sur l'équipement d'un utilisateur ou l'accès à des informations déjà stockées ne devaient être mis en œuvre qu'avec le consentement préalable de l'utilisateur [...].

Le droit français
L'ordonnance n° 2011-1012 a transposé la directive européenne, et dispose que « tout abonné ou utilisateur d'un service de communications électroniques doit être informé de manière claire et complète [...] ».
Avant de déposer ou lire un cookie, les éditeurs de sites ou d'applications doivent :
– informer les internautes de la finalité des cookies ;
– obtenir leur consentement ;
– fournir aux internautes un moyen de les refuser.
La validité de ce consentement est de 13 mois maximum.

www.cnil.fr

6. À quelle condition l'entreprise d'Alex peut-elle utiliser les cookies ?
7. Quelles informations collectées sur les consommateurs les cookies peuvent-ils révéler ?

DOCUMENT 4 « *Opt-in* » et « *opt-out* » : deux règles distinctes

Alex Mirelli pense proposer – par l'envoi de spams – certains de ses jeux à des particuliers et d'autres à des intermédiaires professionnels. Il testerait ainsi plusieurs réseaux de distribution en ligne.

POUR LES PARTICULIERS : L'*OPT-IN*
Principe : pas de message commercial sans accord préalable du destinataire.
La publicité par courrier électronique est possible à condition que la personne ait donné son accord pour être démarchée au moment de la collecte de son adresse électronique.
Exceptions : si la personne prospectée est déjà cliente de l'entreprise et si la prospection concerne des biens ou services analogues à ceux déjà fournis par l'entreprise ; si la prospection n'est pas de nature commerciale.

POUR LES PROFESSIONNELS : L'*OPT-OUT*
Principe : information préalable et droit d'opposition.
La personne doit, au moment de la collecte de son adresse de messagerie, être informée que son adresse électronique sera utilisée à des fins de prospection, être en mesure de s'opposer à cette utilisation de manière simple et gratuite.
L'objet de la sollicitation doit être en rapport avec la profession de la personne démarchée.

D'après www.cnil.fr

8. Quelle est la finalité de la réglementation dite « de l'*opt-in* » ? En quoi est-ce une gêne pour Alex ?
9. Faites la distinction entre l'*opt-in* et l'*opt-out*.

DOCUMENT 5 Le respect de l'ordre public

Jeux-mirel.com développe une gamme de jeux vidéo de guerre au contenu franchement violent. Alex pense envoyer une publicité sur cette nouvelle offre de jeux à l'ensemble de son fichier clients.

RÈGLE GÉNÉRALE – L'ordre public désigne l'ensemble des règles d'intérêt général régissant la vie en société. Il est donc interdit de faire du commerce de choses illicites ou immorales, la vente de certains produits est réglementée (médicaments, armes...), certaines publicités sont interdites (sur le tabac...), les mineurs sont protégés (ils ne peuvent acheter ni alcool ni tabac, par exemple).

UNE RÈGLE SPÉCIFIQUE – Les pictogrammes PEGI (« *Pan European Game Information* ») apparaissent sur le devant et au dos des emballages de jeux vidéo et indiquent l'une des classes d'âge suivantes : 3, 7, 12, 16 ou 18.

10. Alex peut-il adresser sa publicité à tous ses clients, qui comptent de nombreux mineurs ? Pourquoi ? Comment doit-il s'y prendre ?

DOCUMENT 6 L'obligation de loyauté et de transparence

Alex Mirelli recense les mentions que la loi lui impose de faire figurer dans son offre commerciale. Il a le sentiment que ses concurrents établis en boutique sont sujets à moins de contraintes.

L'offre commerciale doit répondre aux obligations d'information précontractuelles précisées par la **loi du 17 mars 2014**, qui impose, par le nouvel **article L. 121-18 du Code de la consommation**, que l'offre « conclue hors établissement » soit aussi complète que tout autre type d'offre de contrat. Elle doit donc préciser, notamment, les caractéristiques essentielles du bien ou du service, son prix, le nom et les coordonnées des vendeurs, les frais de livraison, les modalités de paiement, de livraison ou d'exécution, l'existence d'un droit de rétractation, la durée de validité de l'offre.

11. Selon la loi, à quelle sorte d'offre l'offre en ligne se rattache-t-elle ?
12. Relevez les mentions assurant la loyauté et la transparence de cette offre.

RAISONNER SUR UN CAS Apprécier si une offre publicitaire en ligne est conforme au respect de la vie privée

La revue *Le Point* a adressé le message promotionnel électronique ci-dessous à de nombreuses personnes ayant consulté son site.

13. Relevez les mentions obligatoires de ce message d'offre promotionnelle.
14. Quels sont les risques pour la vie privée en cas de réponse à une offre en ligne ?
15. En quoi la vie privée du prospect est-elle protégée par les règles juridiques imposant ces mentions dans toute offre publicitaire adressée par courriel ?

DOCUMENT 7 Une offre publicitaire par courriel conforme aux exigences du droit

Offre réservée à Monsieur Martini – patrick.martini@orange.fr

Bonjour Monsieur Martini,

J'ai souhaité vous proposer une offre d'abonnement exclusive pour vous permettre d'accéder **à l'intégralité des contenus du *Point* sur tous vos écrans** (ordinateur, mobile et tablette), en vous faisant profiter de **conditions réellement avantageuses** :

Abonnement 100% numérique

Le Point sur le Web + mobiles + tablettes

à partir de

1€ (le 1er mois)

Je m'abonne

Abonnement intégral

Le Point sur papier + Web + mobiles + tablettes

à partir de

8€90

Je m'abonne

Si vous ne souhaitez plus recevoir d'e-mails commerciaux de la part du site LePoint.fr, ous pouvez vous désinscrire.

Information sur les cookies fournie par *Le Point*

Nous sommes susceptibles d'adapter les offres et publicités qui vous sont destinées à des informations relatives à la navigation de votre terminal sur notre site ou au sein de sites ou de services édités par des tiers et sur lesquels nous émettons des cookies.
Dans la mesure où vous nous avez fourni des données personnelles vous concernant, notamment vos coordonnées électroniques, lors de votre inscription, de votre abonnement ou de votre accès à notre site, nous sommes susceptibles [...] de vous adresser des prospections électroniques ou d'afficher sur votre terminal [...] des publicités personnalisées qui vous sont spécifiquement destinées et susceptibles de vous intéresser personnellement.
Vous pourrez, à tout moment, nous demander de ne plus recevoir de publicités ou de prospections [...] en nous contactant directement et gratuitement, ou au moyen du lien de désinscription inclus dans toute prospection que nous serions susceptibles de vous adresser par courrier électronique.

2 Apprécier la validité des conditions de formation d'un contrat électronique

DOCUMENT 8 La rencontre de l'offre et de l'acceptation en ligne

Comme pour tout contrat, la formation de la vente d'un bien (ou d'une prestation de services) en ligne est subordonnée aux conditions générales du droit civil, dont la première est l'existence du consentement des parties, constitué par la rencontre de l'offre et de l'acceptation. Cependant, le Code civil, actualisé par l'ordonnance du 16 juin 2005, précise quelques règles propres à la conclusion du contrat électronique.

Code civil – Article 1369-4

Quiconque propose, à titre professionnel, par voie électronique, la fourniture de biens ou la prestation de services, met à disposition les conditions contractuelles applicables d'une manière qui permette leur conservation et leur reproduction. Sans préjudice des conditions de validité mentionnées dans l'offre, son auteur reste engagé par elle tant qu'elle est accessible par voie électronique de son fait.
L'offre énonce en outre :
1° Les différentes étapes à suivre pour conclure le contrat par voie électronique ;
2° Les moyens techniques permettant à l'utilisateur, avant la conclusion du contrat, d'identifier les erreurs commises dans la saisie des données et de les corriger ;
3° Les langues proposées pour la conclusion du contrat ;
4° En cas d'archivage du contrat, les modalités de cet archivage par l'auteur de l'offre et les conditions d'accès au contrat archivé ;
5° Les moyens de consulter par voie électronique les règles professionnelles et commerciales auxquelles l'auteur de l'offre entend, le cas échéant, se soumettre.

La finalité de ce texte est de s'assurer que toute commande en ligne ne résulte pas d'une acceptation donnée à la hâte et sans que sa portée ait été correctement évaluée. La facilité de l'achat (un simple « clic » pourrait suffire), la dématérialisation de l'opération (en cas d'achat d'un bien, celui-ci n'est pas physiquement à portée) pourraient générer un consentement ni véritablement éclairé ni réfléchi.

16. Quel type d'erreur un client de Jeux-mirel.com peut-il facilement commettre en acceptant l'offre ?
17. Quel est, selon vous, le moyen technique le plus simple qui pourrait révéler à ce client qu'il a commis une erreur en passant sa commande ?
18. Quelles dispositions légales permettent de s'assurer que tout client accepte de façon réfléchie ?

DOCUMENT 9 L'objet de l'acceptation : les CGV

Alex Mirelli estime qu'il n'a rien à cacher à ses clients et veille à ce que son offre soit aussi complète que possible.

La loi pour la confiance dans l'économie numérique (LCEN) du 21 juin 2004 a pour objectif [...] de renforcer la confiance des internautes afin que les contrats conclus par Internet soient aussi fiables que les contrats conclus selon les méthodes traditionnelles. Elle exige ainsi une obligation de mise à disposition des conditions contractuelles [...].

Toute personne qui exerce une activité de commerce électronique « est tenue d'assurer à ceux à qui est destinée la fourniture de biens ou la prestation de services un accès facile, direct et permanent utilisant un standard ouvert aux informations [...] obligatoires : informations sur l'identification de la personne et information sur les prix ».

INC Hebdo, n° 1323, 12/12/2004.

19. En quoi l'information sur la personne à l'origine de l'offre est-elle essentielle pour la qualité du consentement de l'acheteur en ligne ?
20. Que permet l'information sur les prix pour le client potentiel ?

DOCUMENT 10 Les modalités de l'acceptation

L'offre électronique de la société Jeux-mirel.com est élaborée dans le respect des règles spécifiques à l'acceptation en ligne. Dès lors qu'une commande est enregistrée, rien ne se fait avant l'envoi d'un accusé de réception au client.

La loi encadre le processus de conclusion du contrat électronique. Celui-ci doit s'effectuer en plusieurs étapes. Dans un premier temps, le destinataire de l'offre [...] doit avoir eu la possibilité de vérifier le détail de sa commande et son prix total ainsi que de corriger d'éventuelles erreurs, après une première approbation (**premier « clic »**). Puis, il doit confirmer celle-ci pour exprimer son acceptation (**deuxième « clic »**).

ACHETEUR : 1er « clic » → 2e « clic » → **VENDEUR** : Accusé de réception de la commande

L'auteur de l'offre doit ensuite accuser réception de la commande, sans délai injustifié, par voie électronique. Cela peut être un simple accusé de réception automatique. Cette obligation a été prévue pour remédier aux litiges liés aux « doubles commandes » émises par les consommateurs qui, n'étant pas certains que leur commande avait bien été prise en compte, s'engageaient alors dans une nouvelle transaction.

INC Hebdo, n° 1323, le 12/12/2004.

21. Justifiez la règle légale du deuxième « clic » pour valider l'acceptation.
22. En quoi l'accusé de réception assure-t-il que l'achat a été réellement voulu par le client ?

RAISONNER SUR UN CAS Apprécier le respect des modalités de l'acceptation d'un contrat électronique

La société Jeux-mirel.com respecte les obligations légales concernant le double « clic ». On peut observer le message fourni au client en ligne après qu'il a passé sa commande.

23. Situez cette capture d'écran dans les phases de l'acceptation en ligne. Justifiez.
24. Détaillez l'intérêt de chaque partie de ce document.

DOCUMENT 11 L'écran d'alerte

Vérifiez les informations ci-dessous
avant de valider votre commande sur Jeux-mirel.com et de payer

Informations de facturation	Adresse de livraison	Mode de paiement
GOUPIL Romain Villa La Patère Avenue Bellevue NICE, 06100 - France	GOUPIL Romain 12 bd Gambetta NICE, 06000 - France	ROMAIN GOUPIL VISA : xxxxxxxxxxxx5041 romain.goupil@orange.fr

Détails de la commande

Description du produit	Système d'exploitation	Livraison	Qté	Prix
Jeu « PILOTE D'ENFER – version 2015 »	Windows 8 / 7 / XP / XP Pro / Vista	Téléchargement en ligne	1	120,00 € 0,00 €
			TOTAL HT TVA (20 %) **TOTAL TTC**	120,00 € 24,00 € **144,00 €**

❑ **VALIDER LA COMMANDE**

PAIEMENT SÉCURISÉ

3 Expliciter les effets d'un contrat électronique et son exécution

A Les effets du contrat pour l'acheteur

DOCUMENT 12 La possibilité de rétractation

Il arrive que les clients de Jeux-mirel.com changent d'avis. Alex sait bien qu'il ne peut que respecter le droit de rétractation accordé par la loi à tout acheteur en ligne, du moins quand le contrat porte sur un jeu retourné dans son emballage d'origine non descellé (C. cons., art. L. 121.21-8 et 9). Dans la vente électronique, le droit de rétractation est reconnu au client-consommateur, qui l'exerce « sans avoir à motiver sa décision ». La loi du 17 mars 2014 a amélioré ce droit, tant dans son délai d'application que dans ses modalités.

Durée du délai de rétractation	Modalités de la rétractation effectuée par l'acheteur
PRINCIPE : délai de rétractation de 14 jours – À compter de la conclusion du contrat pour les prestations de services (contrats d'eau, de gaz ou d'électricité, de chauffage urbain et de contenu numérique non fourni sur un support matériel) – À compter de la réception du bien pour les contrats de vente de bien ou de prestation de service impliquant la livraison d'un bien – À compter de la réception du dernier bien ou lot lors de la livraison séparée de plusieurs biens ou d'une commande composée de lots/pièces à livraison échelonnée – À compter de la réception du premier bien lors de la livraison régulière de biens sur une période définie **CAS PARTICULIER** **Prolongation du délai de 12 mois** lorsque l'information précontractuelle du consommateur sur son droit de rétractation n'a pas été respectée par le professionnel. Si ce dernier informe le consommateur pendant la prolongation, le délai de rétractation expire après un délai de 14 jours à compter de la réception des informations.	**Renvoi du formulaire type de rétractation** Ou **Envoi d'une déclaration dénuée d'ambiguïté** exprimant sa volonté de se rétracter Ou **Formulaire en ligne :** le professionnel peut permettre au consommateur de remplir et de transmettre en ligne, sur son site Internet, le formulaire. Dans ce cas, il accuse réception de la rétractation du consommateur sur un support durable. **REMARQUE :** il n'y a pas d'exigence de forme pour l'envoi du formulaire ou de la déclaration de rétractation, mais en cas de litige, c'est au consommateur d'apporter la preuve de sa rétractation. Il convient donc d'utiliser un mode d'envoi permettant cette preuve (courrier recommandé avec accusé de réception ou courrier électronique).

DGCCRF, www.economie.gouv.fr, le 11/07/2014

25. Parmi les modalités de rétractation, quelle est celle qui vous semble la plus sûre ? Pourquoi ?
26. Pourquoi les clients de Jeux-mirel.com ne peuvent-ils pas exercer leur droit de rétractation sur les jeux dont l'emballage a été descellé ?
27. En quoi la prolongation jusqu'à 12 mois du délai de rétractation est-elle surtout préventive ?

DOCUMENT 13 Les effets de la rétractation

La mise en œuvre de son droit de rétractation a pour conséquence d'obliger le consommateur à renvoyer ou restituer les biens au professionnel sans retard, et au plus tard sous 14 jours à compter de l'exercice de son droit, sauf si le professionnel propose de les récupérer lui-même.

En principe, le consommateur supporte les coûts directs de renvoi des biens et le professionnel doit l'en informer. S'il ne respecte pas cette obligation d'information, les coûts lui reviennent.

DGCCRF, www.economie.gouv.fr, le 11/07/2014

28. Comment la loi incite-t-elle Jeux-mirel.com à informer complètement le consommateur potentiel ?
29. En quoi peut-on dire que le droit de rétractation ne pose pas de difficultés au client ?
30. Toutefois, quelles obligations incombent au client de Jeux-mirel.com qui se rétracterait sur l'achat d'un jeu qui lui aurait été livré une semaine auparavant ?

DOCUMENT 14 Le paiement en ligne

Jeux-mirel.com a retenu exclusivement le paiement en ligne à la commande. Tant qu'il n'est pas effectué, la vente n'est pas conclue.
Une situation délicate se présente : Romain Goupil réclame le remboursement de la somme de 144 € qui a été débitée de son compte en banque. Il affirme n'avoir jamais commandé de jeu et donne pour preuve que son adresse à Nice n'est pas l'adresse de livraison indiquée sur la facture (document 11).

Code de la consommation – Article L. 121-19-3, créé par la loi du 17 mars 2014 (extrait)
Les sites de commerce en ligne indiquent clairement et lisiblement, au plus tard au début du processus de commande, les moyens de paiement acceptés par le professionnel [...].

En cas de contestation ou d'utilisation frauduleuse, le commerçant doit assumer les coûts de la vente et le client n'est pas responsable si le paiement a été fait à distance sans utilisation physique de la CB [carte bleue] (utilisation du numéro de la CB). Le titulaire de la carte doit avoir déposé une réclamation dans les 70 jours à partir de la date de l'opération contestée (délai porté à 120 jours maximum par le contrat).
Les sommes sont créditées sur le compte du détenteur de la CB ou restituées, sans frais, 1 mois au plus tard à partir de la réception de la contestation.

http://vosdroits.service-public.fr

31. Quelles formalités Romain Goupil doit-il effectuer pour être remboursé ?
32. Qui assumera le coût de l'utilisation frauduleuse de sa carte ? Comment peut-on justifier cette règle ?

RAISONNER SUR UN CAS Expliciter les suites d'un litige sur un contrat électronique

Romain Goupil ne se contente pas de réclamer : il menace de saisir la justice si la société Jeux-mirel.com ne le rembourse pas très vite.

33. Quel tribunal Romain Goupil saisirait-il probablement s'il faisait un procès à Jeux-mirel.com ?
34. Dans quels cas le choix offert au client en matière de compétence territoriale du tribunal est-il particulièrement avantageux ?
35. Comment ces règles de procédure favorables au client internaute se justifient-elles ?

DOCUMENT 15 La compétence territoriale en cas de recours judiciaire

En France

L'internaute qui a subi un dommage important peut engager contre le professionnel une action civile en responsabilité, par exemple en cas de non-livraison d'un matériel coûteux dont le prix avait été intégralement payé. La question se pose du tribunal territorialement compétent car le commerce en ligne peut mettre l'acheteur en relation avec un vendeur se trouvant loin de chez lui.

Tribunal compétent

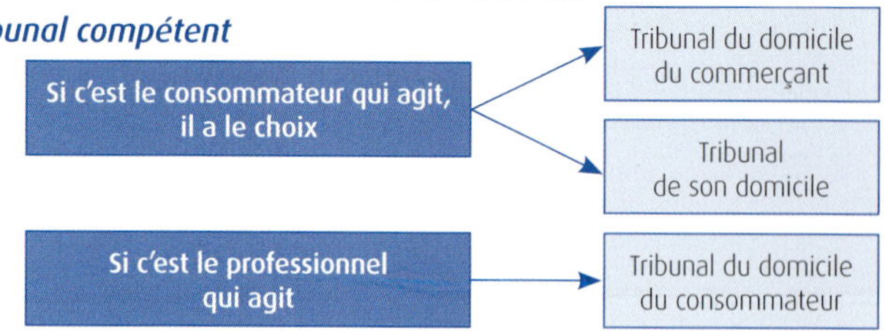

En Europe

La convention de Rome du 19 juin 1980 (art. 5) précise qu'à défaut de choix entre les parties, la loi habituelle de l'acheteur s'applique si la conclusion du contrat a été précédée dans ce pays d'une offre de biens ou de services, ou encore si le consommateur a accompli les actes nécessaires à la conclusion du contrat.

Tribunal compétent

L'internaute peut choisir entre les tribunaux du pays où est situé le vendeur ou les tribunaux français. Cette dernière solution est souvent plus facile à mettre en œuvre.

D'après www.fevad.com

B Les effets du contrat pour le vendeur

DOCUMENT 16 La fourniture d'un support contractuel matérialisé

Alex Mirelli sait parfaitement que la plupart de ses ventes seront à destination des clients-consommateurs. Aussi est-il très soucieux des innovations juridiques intéressant les rapports entre professionnels et particuliers.

Code de la consommation – Article L. 121-19-2, créé par la loi du 17 mars 2014 (extraits)

Le professionnel fournit au consommateur, sur support durable, dans un délai raisonnable, après la conclusion du contrat et au plus tard au moment de la livraison du bien ou avant le début de l'exécution du service, la confirmation du contrat comprenant toutes les informations [...], sauf si le professionnel les lui a déjà fournies, sur un support durable, avant la conclusion du contrat. Le contrat est accompagné du formulaire type de rétractation [...].

36. Quel est l'intérêt pour le consommateur d'avoir un support matériel de son contrat ?
37. En quoi la fourniture du formulaire de rétractation facilite-t-elle l'exercice éventuel de ce droit ?

DOCUMENT 17 La responsabilité du vendeur en ligne

Un client de Jeux-mirel.com se plaint d'avoir reçu un colis endommagé et de ne pas pouvoir utiliser le jeu sur sa console. Alex est sûr que le colis a été remis en bon état au transporteur.

Reprenant l'article 15 de la loi sur la confiance dans l'économie numérique, l'**article L. 121-19-4 du Code de la consommation** (créé par la loi du 17 mars 2014) énonce : « Le professionnel est responsable de plein droit à l'égard du consommateur de la bonne exécution des obligations résultant du contrat conclu à distance, que ces obligations soient exécutées par le professionnel qui a conclu ce contrat ou par d'autres prestataires de services, sans préjudice de son droit de recours contre ceux-ci.
Toutefois, il peut s'exonérer de tout ou partie de sa responsabilité en apportant la preuve que l'inexécution ou la mauvaise exécution du contrat est imputable soit au consommateur, soit au fait, imprévisible et insurmontable, d'un tiers au contrat, soit à un cas de force majeure. »

38. Quel est l'intérêt pour le client de Jeux-mirel.com de la règle posée par l'article cité ci-dessus ?
39. Donnez un exemple de circonstances qui pourraient exonérer Alex de sa responsabilité.

RAISONNER SUR UN CAS Rédiger et qualifier une clause d'un contrat électronique

Alex Mirelli sait parfaitement que ses clients – hormis ceux qui peuvent télécharger leur achat – sont impatients de recevoir le jeu qu'ils ont commandé. Par ailleurs, il est au courant des obligations légales qui pèsent sur lui dans ce domaine.

40. Comment l'information de l'acheteur en ligne apparaît-elle, ici encore, comme un moyen de le protéger ?
41. Rédigez la clause des contrats de Jeux-mirel.com destinée à éclairer les clients potentiels sur les règles appliquées à la livraison des jeux achetés en ligne.

DOCUMENT 18 La livraison

Date de livraison

La livraison doit intervenir au plus tard **30 jours** après la commande en ligne.
Le fournisseur de biens ou services à distance, autres que des services financiers, doit indiquer, avant la conclusion du contrat, la date limite à laquelle il s'engage à livrer le bien ou exécuter la prestation.
Sans mention au contrat, le bien doit être livré ou la prestation exécutée dès la conclusion du contrat.
En cas de retard de livraison ou de la prestation, le fournisseur doit en informer le client, qui peut demander à être remboursé dans les 30 jours suivant le paiement.
Le remboursement se fait alors en totalité, y compris des frais de réexpédition, si le colis arrive après la rétractation. Le client n'est pas obligé d'accepter une certaine modalité de remboursement (avoir sur un prochain achat, par exemple).

http://vosdroits.service-public.fr

1 Une offre bancaire en ligne

COMPÉTENCE :
➡ Apprécier si l'offre commerciale est conforme au droit

Vidéo 1.2 « Comment souscrire une carte bancaire en ligne »

Prenez appui sur vos connaissances et sur la vidéo proposée pour répondre aux questions suivantes.

1. Quelle est la finalité de cette vidéo ? Par qui et pour qui est-elle mise en ligne ?
2. Quels mentions et commentaires de cette vidéo révèlent le respect du droit à l'information du client potentiel en ligne ?
3. Quelles étapes du contrat à distance sont mises en valeur dans la procédure expliquée à ce client potentiel ?

2 Le droit de rétractation du consommateur en ligne

COMPÉTENCES :
➡ Apprécier la validité d'un contrat électronique
➡ Rédiger une clause d'un contrat électronique

L'entreprise Formen.fr a pour activité la vente de vêtements, de chaussures et d'accessoires pour hommes. Elle propose également un service de restauration à domicile, selon son slogan : « Pour les célibataires et hommes pressés ».

À l'aide de vos connaissances et des documents ci-dessous, répondez aux questions suivantes.

1. Quelle est la justification du droit de rétractation dans les contrats conclus à distance ?
2. Pourquoi tous les contrats conclus par l'entreprise Formen.fr ne sont-ils pas concernés par le décret du 17 septembre 2014 ?
3. Rédigez un modèle de bordereau de rétractation tel qu'il pourrait être incorporé aux contrats de Formen.fr.

DOCUMENT 1

Le décret n° 2014-1061 du 17 septembre 2014, complétant la loi n° 2014-344 du 17 mars 2014, renforce les obligations d'information précontractuelle sur le droit de rétractation pour les contrats de consommation conclus à distance : conditions, délai et modalités d'exercice, formulaire type de rétractation, coût de renvoi du bien autrement que par voie postale.
En cas de manquement, l'amende est de 3 000 € maximum pour une personne physique ou 15 000 € maximum pour une personne morale.

DOCUMENT 2

Le droit de rétractation ne peut être exercé pour les contrats :
- de fourniture de services pleinement exécutés avant la fin du délai de rétractation, et dont l'exécution a commencé après accord préalable exprès du consommateur et renoncement exprès à son droit de rétractation ;
- de fourniture de biens ou de services dont le prix dépend des fluctuations sur le marché financier échappant au contrôle du professionnel et susceptibles de se produire pendant le délai de rétractation ;
- de fourniture de biens susceptibles de se détériorer ou de se périmer rapidement.

ENTRAÎNEMENT À L'EXAMEN

Chris Gardner est le capitaine d'un bateau basé au port d'Antibes. Dans une semaine, il doit emmener des clients en mer mais le démarreur du bateau ne fonctionne plus. Il a contacté les commerçants spécialisés de la ville et du département mais leur stock est épuisé. Il décide donc de commander le démarreur sur Internet.
Chris est intéressé par l'offre commerciale du site Pieces-marine.fr, membre de la FEVAD (fédération du e-commerce et de la vente à distance), qui distribue toutes les pièces nécessaires aux voiliers.

Vous traiterez ces deux dossiers à partir des annexes et de vos connaissances.

DOSSIER 1

Sur le site Pieces-marine.fr, sont indiquées les coordonnées de la société, les caractéristiques des pièces proposées ainsi que les modalités de paiement et de livraison. Rien n'est précisé en cas de perte ou de dommages au cours du transport des marchandises vers le client.

1. Indiquez si l'offre commerciale vous semble conforme au droit. Justifiez votre réponse.
2. Dans une note structurée à l'attention de Chris Gardner, indiquez les spécificités de la responsabilité du vendeur en ligne en cas de problèmes dans l'acheminement des biens au client.

DOSSIER 2

Chris Gardner a passé commande il y a huit jours mais n'a toujours rien reçu, alors que l'offre en ligne annonçait une livraison sous cinq jours. Il relit le contrat qu'il a conclu avec Pieces-marine.fr, notamment la clause concernant les conditions générales de vente (CGV) qu'il a acceptées en les lisant trop rapidement.

3. L'article 4 des CGV est-il légal ? Justifiez votre réponse.
4. Quelle sanction particulière s'applique aux contrats en ligne n'offrant pas de droit de rétractation ?
5. Quels sont les recours de Chris Gardner alors qu'il a accepté les CGV ? Justifiez.

ANNEXE 1

Charte qualité de la vente à distance de la FEVAD

Lorsqu'un consommateur achète un produit sur Internet, il doit disposer avant la validation de sa commande de tous les éléments nécessaires à sa décision finale. À cet effet, l'offre de vente aux consommateurs doit :

1. Porter sur un produit disponible ou susceptible de l'être dans les délais annoncés ;

2. Faire clairement apparaître un descriptif du produit vendu dans toutes ses caractéristiques essentielles (type de produit, poids, couleur...) ;

3. Donner un aperçu clair du prix qu'il aura à payer (le prix du produit vendu au consommateur doit être présenté toutes taxes comprises).

Charte Qualité fevad

www.fevad.com

ANNEXE 2

La loi impose comme règle de base la responsabilité de plein droit des vendeurs en ligne. Cependant, elle prévoit trois cas d'exonération : le fait de l'acheteur, la force majeure et le fait imprévisible ou irrésistible d'un tiers.

ANNEXE 3

CGV (extrait)

Article 4 – Livraison – En pleine saison, du mois d'avril au mois d'octobre inclus, le délai de livraison des produits ne peut être garanti. Toute commande est ferme et définitive ; le client renonce à son droit de rétractation.

SYNTHÈSE

- **Le respect du droit par l'offre électronique**
  - Des règles renforcées justifiées par l'éloignement physique des parties
    - Obligation de loyauté et de transparence
    - Respect de l'ordre public
  - Des règles spécifiques justifiées par le caractère intrusif d'Internet
    - Réglementation restrictive des cookies et des spams
    - Respect de la vie privée
- **La formation du contrat électronique**
  - La rencontre de l'offre et de l'acceptation
    - Objet de l'acceptation : les CGV
    - Modalités de l'acceptation :
      - deux « clics »
      - un accusé de réception
- **L'exécution du contrat électronique**
  - Les effets du contrat pour l'acheteur
    - Droit de rétractation (sous 14 jours)
    - Paiement en ligne
    - Choix du tribunal compétent
  - Les effets du contrat pour le vendeur
    - Fourniture d'un contrat matérialisé
    - Délai de livraison impératif
    - Responsabilité présumée en cas de problème à la livraison

MOTS-CLÉS

- conditions générales de vente (CGV)
- cookies
- double « clic »
- droit de rétractation
- spams

2 Les productions immatérielles

SITUATION

Romain, étudiant en 2e année de BTS Communication, est un jeune auteur-compositeur-interprète tout juste diplômé du département « Musiques actuelles » du Conservatoire régional de musique d'Aix-en-Provence. Il passe son temps libre à composer de la musique dub (genre musical issu du reggae jamaïcain) et joue avec ses amis musiciens de manière occasionnelle dans de petites salles de la région.

Voici le dernier message qu'il a écrit sur le forum de discussion du site www.commentçamarche.net, auquel il participe régulièrement.

Romidu13 12 avril 2015

Bonjour à tous,

J'ai besoin d'éclaircissements ! Je souhaiterais diffuser ma première musique sur YouTube. Mais j'ai entendu dire que le site pouvait posséder ma musique, la revendre... Quels sont mes droits ? Et si je l'envoie à des radios, peuvent-elles se l'approprier ? Car après tout, personne ne sait si c'est vraiment moi qui l'aie composée !

Je pense aussi faire un site Internet pour promouvoir la musique dub et me faire connaître en tant qu'auteur-compositeur-interprète. Mais avec tous les problèmes de téléchargement sur Internet, je me demande si c'est une bonne idée... Car j'aimerais quand même que ma musique me rapporte un peu d'argent ! Mes questions sont un peu confuses, excusez-moi ! J'espère avoir votre aide. Merci et à bientôt !

Vidéo 2.1 « **Comment garantir la sécurité de la création sur Internet ?** »

1. Quels sont les risques encourus par Romain s'il diffuse sa musique sur Internet ?
2. À votre avis, quelles sont les principales atteintes aux droits des auteurs sur leur œuvre à l'ère du numérique ?
3. Pensez-vous qu'il soit possible de concilier la liberté d'accès à la musique dans l'univers numérique et une juste rémunération des auteurs sur leur œuvre ?

1 Déterminer les règles de protection du droit d'auteur en univers numérique

A Les caractéristiques du droit d'auteur

DOCUMENT 1 Les prérogatives du droit d'auteur

Sur les conseils d'un ami musicien professionnel qui a très vite détecté son talent, Romain s'est renseigné sur les droits conférés aux auteurs sur leur œuvre.

L'article L. 111-1 du Code de la propriété intellectuelle (CPI) dispose que « l'auteur d'une œuvre de l'esprit jouit sur cette œuvre, du seul fait de sa création, d'un droit de propriété incorporelle exclusif et opposable à tous ». Il précise que le droit comporte des attributs d'ordre intellectuel et moral ainsi que des attributs d'ordre patrimonial.

Droit moral

L'auteur jouit du droit au respect de son nom, de sa qualité et de son œuvre. Ce droit est perpétuel, inaliénable et imprescriptible. Il est attaché à la personne de l'auteur et transmissible aux héritiers de l'auteur.

Ce droit est composé de plusieurs prérogatives :

- **le droit de divulgation :** l'auteur dispose seul du pouvoir de révéler son œuvre au public ;
- **le droit de repentir ou de retrait :** l'auteur a la possibilité de faire cesser l'exploitation de celles de ses œuvres qu'il jugerait indignes de son talent, et ce malgré la cession des droits d'exploitation qu'il aurait pu consentir ;
- **le droit au respect de l'œuvre :** même après la divulgation de sa création, l'auteur peut s'opposer à toute dénaturation ou altération de cette dernière. Ainsi, toute adjonction, modification, suppression d'éléments de l'œuvre par un tiers constitue une atteinte au droit d'auteur sanctionnée par la loi ;
- **le droit à la paternité de l'œuvre :** il permet à l'auteur d'être reconnu comme tel et de voir son nom associé à ladite œuvre.

Droit patrimonial

L'auteur dispose du droit exclusif d'exploiter son œuvre sous quelque forme que ce soit et d'en tirer un profit pécuniaire (CPI, art. L. 123-1). Ce droit, qui peut être cédé à des tiers, s'exerce durant toute la vie de l'auteur et bénéficie à ses héritiers durant 70 ans après sa mort, date à laquelle toute œuvre tombe dans le domaine public.

Ce droit comprend deux prérogatives principales :

- **le droit de représentation :** il consiste en « la communication de l'œuvre au public par un procédé quelconque » : présentation ou projection publique, télédiffusion, etc. ;
  Limite : l'auteur ne peut pas interdire les représentations privées et gratuites, effectuées dans le cercle de famille.
- **le droit de reproduction :** toute reproduction intégrale ou partielle de l'œuvre est subordonnée au consentement de l'auteur. La reproduction est la fixation matérielle de l'œuvre par tout procédé qui permet de la communiquer au public : imprimerie, dessin, photographie, enregistrement cinématographique, etc.
  Limite : l'auteur ne peut s'opposer aux copies ou reproductions privées.

D'après www.audiofanzine.com

1. À partir de quand l'œuvre de Romain est-elle protégée par le droit d'auteur ?
2. Quel type de droit est violé si un auteur plagie la musique de Romain ?
3. Quelles caractéristiques du droit d'auteur permettent d'assurer un revenu à Romain ?
4. Que doivent vérifier les professionnels de la communication s'ils souhaitent utiliser gratuitement et librement un extrait d'une œuvre musicale dans une publicité ?

DOCUMENT 2 Les œuvres protégées et les conditions de la protection

Romain est auteur-compositeur de ses chansons. Ses amis sont ses premiers fans.

Le Code de la propriété intellectuelle (CPI) protège les droits des auteurs sur « toutes les œuvres de l'esprit, quels qu'en soient le genre, la forme d'expression, le mérite ou la destination » (article L. 112-1 et suivants). [...] Parmi elles, le CPI distingue les livres et autres écrits littéraires et artistiques, les œuvres dramatiques ou dramatico-musicales, les œuvres chorégraphiques, les mimes, les numéros et tours de cirque, les œuvres cinématographiques et autres œuvres audiovisuelles, les œuvres photographiques, etc. La liste des œuvres de l'esprit mentionnée dans cet article n'est volontairement pas exhaustive pour couvrir toutes nouvelles créations remplissant les critères ci-dessous. Cette protection couvre aussi les bases de données.

1er critère de protection : l'originalité de l'œuvre

Une œuvre doit être originale, c'est-à-dire qu'elle doit porter l'empreinte de la personnalité de son auteur. Ce critère déterminant est éminemment subjectif, ce qui en rend l'appréciation délicate pour les juges. L'originalité ne doit pas être confondue avec la nouveauté. Ainsi, une création reprenant une idée antérieure peut être originale et bénéficier à ce titre de la protection par le droit d'auteur.

2e critère de protection : la formalisation

Les idées sont de libre parcours et ne sont donc pas protégeables en tant que telles par le droit d'auteur. La pensée échappe en effet par nature à toute appropriation individuelle. Pour bénéficier de la protection juridique du droit d'auteur, il faut que l'idée ait été concrétisée et mise en forme.

D'après www.scad.fr

5. Quels éléments peuvent conférer à la musique de Romain un caractère original et un caractère de nouveauté ? Justifiez votre réponse.
6. Une simple idée peut-elle conférer la qualification d'« œuvre de l'esprit » ?
7. Un DJ qui utilise les technologies de mixage à partir d'une musique existante crée-t-il une œuvre de l'esprit protégée par le droit d'auteur ? Justifiez.

RAISONNER SUR UN CAS Déterminer les moyens de protection à mettre en œuvre dans une situation donnée et en apprécier la pertinence

Romain a interprété l'une de ses œuvres à l'occasion de répétitions informelles avec un autre chanteur avant de découvrir que ce chanteur a enregistré un disque reprenant intégralement l'œuvre en question et qu'il prétend en être l'auteur.

8. Exposez les précautions que Romain aurait dû prendre pour prouver la paternité de son œuvre.
9. Quel préjudice moral et patrimonial Romain a-t-il subi du fait de ces agissements ?
10. Romain pourra-t-il obtenir réparation ?

DOCUMENT 3 La preuve de la paternité de l'œuvre

En théorie, il n'y a aucune formalité à accomplir. En pratique, le pli recommandé contenant l'œuvre adressé à soi-même avec accusé de réception, le dépôt à l'INPI ou le dépôt chez un officier ministériel permettent de prouver l'antériorité d'une composition musicale ; en cas de litige, l'enveloppe sera ouverte par un huissier.

Remarque : le dépôt auprès d'une société d'auteurs (SACEM) est possible mais n'a pas de valeur juridique, son rôle étant seulement de percevoir et de répartir les droits d'auteur.

D'après www.sacem.fr

DOCUMENT 4 Les sanctions de la violation des droits d'auteur

Le titulaire du droit d'auteur dispose de l'action en contrefaçon, délit défini comme « toute reproduction, représentation ou diffusion, par quelque moyen que ce soit, d'une œuvre de l'esprit en violation des droits de l'auteur, tels qu'ils sont définis et réglementés par la loi » (CPI, art. L. 335-3). Elle est punie d'une peine 300 000 euros d'amende et de 3 ans d'emprisonnement.

La victime dispose d'une action pénale mais aussi d'une action civile à l'encontre du contrefacteur pour demander le versement de dommages-intérêts en vue de réparer son préjudice moral et patrimonial. Elle peut aussi demander, à titre préventif, la saisie-contrefaçon des œuvres contrefaites au président du TGI.

B Les impacts de la révolution numérique sur les droits d'auteur

DOCUMENT 5 Les droits d'auteur malmenés par les technologies numériques

Devant le succès rencontré lors de concerts qu'il a donnés dans de petites salles du Sud de la France, Romain souhaite développer son activité et se faire connaître à travers Internet. Mais il est dubitatif quant à la protection de ses droits d'auteur dans cet univers.

La culture de l'Internet, c'est celle de l'échange, de la cueillette et de la gratuité. Dans cet Internet idéalisé, l'internaute butine de site en site, de *chat* en forum, de profil en blog et cueille ici et là des informations, des images, de la musique, qui sont mis gratuitement en partage à la disposition des internautes par des membres de la même communauté. Cet état d'esprit est difficile à concilier avec le respect de la propriété intellectuelle et des droits des tiers en général. [...] Le phénomène des échanges de fichiers musicaux et de vidéos sur l'Internet, favorisé par le haut débit et les technologies MP3 et le *peer-to-peer* (P2P), a pris une très grande ampleur. La circulation des œuvres et des informations s'opère aussi par le podcasting, les Webradios et la diffusion en streaming. Par ailleurs fleurissent les sites de socialisation ou de réseautage social (Facebook, Myspace...), les sites collaboratifs de partage de vidéos (YouTube, Dailymotion, Google Vidéos), de messages, de flux, de liens, les pages personnelles (blogs), à côté des sites Web dont le nombre a été multiplié notamment du fait de la croissance du commerce électronique.

Jacques Larrieu, *Droit de l'Internet*, 2e éd., Ellipses, coll. Mise au point, 2010.

11. En quoi les technologies numériques présentent-elles un risque pour les créations de Romain ?
12. Par quels moyens techniques les œuvres circulent-elles sur Internet ?
13. En quoi la gratuité sur Internet est-elle difficile à concilier avec les droits d'auteur ?

DOCUMENT 6 L'adaptation du droit pour garantir la protection des droits d'auteur

Romain a posté la vidéo d'un enregistrement de trois de ses compositions musicales sur YouTube, malgré la mise en garde de son ami sur les risques de la diffusion de ses œuvres par des tiers.

L'adaptation du droit d'auteur est une nécessité face aux évolutions technologiques et comportementales des internautes. La loi DADVSI du 1er août 2006, issue d'une directive européenne de 2001, a renforcé la protection des auteurs dans l'univers du numérique. En effet, seuls les auteurs pouvant autoriser la communication au public de leurs œuvres, il en résulte que **toute personne qui édite un logiciel destiné à la mise à disposition du public non autorisée d'œuvres protégées** est sanctionnée pour délit de contrefaçon. Cette loi interdit toute copie « pirate » sur Internet et favorise la mise en place de mesures techniques de protection (MTP).

La jurisprudence française se fait l'écho de ces MTP : un internaute qui met à disposition sur son site ou qui stocke des œuvres protégées sur le disque dur de son ordinateur ouvert au réseau crée les conditions d'un usage collectif qui écarte l'exception de copie privée. Il viole donc le droit de représentation de l'auteur.
De même, un site Internet qui renvoie à des œuvres protégées par des liens hypertextes constitue un acte de mise à disposition du public. L'autorisation des auteurs est donc requise.

D'après la Cour de justice de l'Union européenne, affaire Svensson c/ Retriever Sverige AB, 13 février 2014.

14. Un internaute peut-il mettre les œuvres de Romain sur son blog *via* des liens vers YouTube ?
15. Pourquoi le stockage d'œuvres protégées sur son disque dur accessible depuis l'extérieur est aussi illicite que la mise en ligne sur Internet ?
16. En quoi les droits communautaire et français permettent-ils de protéger le droit de représentation des auteurs ?

DOCUMENT 7 La lutte contre le téléchargement illégal

Léa, une amie de Romain, télécharge régulièrement de la musique et des films sur Internet. Elle s'est ainsi constituée au fil du temps une belle collection qu'elle échange sur les réseaux *peer-to-peer*.

La loi dite « Création et Internet » (ou « loi Hadopi ») du 12 juin 2009 a pour objectif d'enrayer le téléchargement illégal. Ce texte a institué un mécanisme de « riposte graduée », sous la houlette de la Haute Autorité pour la diffusion des œuvres et la protection des droits sur Internet (Hadopi). L'internaute qui télécharge illégalement une œuvre depuis Internet est rappelé à l'ordre, d'abord par l'envoi d'un mail d'avertissement puis, en cas de récidive, d'un deuxième mail accompagné d'une lettre recommandée, et enfin par la suspension, voire la résiliation de son abonnement Internet.

En 2009, le Conseil constitutionnel a retiré le pouvoir de suspendre l'accès à l'Internet à l'Hadopi pour le confier à un juge. Le décret du 9 juillet 2013 a remplacé la possibilité de résilier l'abonnement Internet par une amende (jusqu'à 1 500 euros) après plusieurs avertissements adressés à l'internaute. Le bilan 2013 de la loi Hadopi ne fait que confirmer l'ampleur du phénomène (1,9 million de premiers avertissements envoyés, 186 153 deuxièmes recommandations, 663 délibérations qui ont conduit à transmettre 51 dossiers au procureur de la République mais une seule coupure à l'accès Internet en janvier 2013).

17. Que risque Léa en cas de téléchargement illégal ?
18. Que pouvez-vous conclure de la lutte contre le téléchargement illégal par l'Hadopi ?

RAISONNER SUR UN CAS Déterminer les moyens de protection à mettre en œuvre dans une situation donnée et en apprécier la pertinence

Léa visionne des séries à partir de sites de streaming, légaux ou illégaux. Romain lui fait remarquer que cette dernière pratique est une forme d'atteinte aux droits d'auteur. Elle lui rétorque : « Mais je ne fais rien de mal, je ne télécharge pas, je visionne seulement ! »

19. Expliquez en quoi le streaming (tansfert de données en continu sur Internet) illégal porte atteinte aux droits d'auteur.
20. Qui sont les cibles visées par le droit pour sanctionner le streaming illégal ?
21. En tant qu'utilisatrice de sites de streaming illégaux, Léa peut-elle être sanctionnée ?
22. En quoi les pratiques du moteur de recherche Google violent-elles les droits d'auteur ?

DOCUMENT 8 La justice française s'attaque au streaming

Le tribunal de grande instance de Paris a […] ordonné aux fournisseurs d'accès à Internet Orange, Bouygues Telecom, Numericable, Free, SFR et Darty Telecom [le 28 novembre 2013] de : « mettre en œuvre […] toutes mesures propres à empêcher l'accès, à partir du territoire français […], par tout moyen efficace et notamment par le blocage des noms de domaine aux sites ». […] Dans ce conflit, les ayants droit ont bénéficié de […] la possibilité de recourir à tout intermédiaire technique pour mettre fin aux violations du droit d'auteur.

Extrait de l'article d'Abdelhak El Idrissi, www.franceculture.fr

DOCUMENT 9 La contrefaçon des droits d'auteur par communication au public

Selon la Cour de cassation (Cass. crim., 25 septembre 2012), « tout service de communication au public en ligne d'œuvres protégées, sans avoir obtenu les autorisations requises et toute mise à disposition d'un logiciel ayant cette finalité, entre dans les prévisions des articles L. 335-4 du CPI » (3 ans d'emprisonnement et 300 000 euros d'amende). Google, en permettant aux internautes, *via* des liens vers d'autres sites, d'avoir accès gratuitement à des films dans leur intégralité, en flux continu (streaming) ou en téléchargement sur son propre site, reproduit l'œuvre, sans autorisation des titulaires des droits, ce qui caractérise la contrefaçon et va au-delà de la simple mise en œuvre d'une fonctionnalité technique. Le critère retenu pour condamner un site qui diffuse une vidéo est l'appropriation et le bénéfice qui en est tiré grâce à la publicité diffusée (Cass., 1re ch. civ., 12 juillet 2012).

2 Caractériser les créations numériques bénéficiant de la propriété intellectuelle

A Les bases de données

DOCUMENT 10 La double protection des bases de données

Romain a commencé à créer une base de données de tous les artistes et groupes d'artistes amateurs et professionnels qui ont participé ou participent à la création et à l'évolution de la musique dub dans le monde. Afin de faire de cette base bien plus qu'une simple compilation de noms d'artistes, Romain l'a enrichie de divers renseignements sur les manifestations musicales qui se sont déjà produites, en y associant l'analyse des critiques parues dans la presse spécialisée. Il projette aussi de recenser les institutions et organismes culturels, les structures de formation et de diffusion des industries musicales spécialisés dans ce genre musical. Il souhaite rentabiliser son travail de recherche en proposant un abonnement aux internautes intéressés (particuliers et professionnels).

On entend par « base de données » un recueil d'œuvres, de données ou d'autres éléments indépendants, disposés de manière systématique ou méthodique et individuelle, accessibles par des moyens électroniques ou par tout autre moyen. Les bases de données bénéficient de **deux régimes de protection juridique indépendants l'un de l'autre** : la protection par le droit d'auteur et la protection par le droit des producteurs (ou droit *sui generis*). Si une base de données peut ne pas être considérée comme originale, et donc non protégeable par le droit d'auteur, elle peut néanmoins bénéficier d'une protection spécifique (CPI, art. L. 112-3).

La protection par le droit d'auteur

Pour prétendre à la protection par le droit d'auteur, la base de données doit constituer une véritable création intellectuelle originale. Selon les tribunaux, l'originalité se traduit par « l'empreinte de la personnalité de leur auteur » (originalité résidant dans le choix des données, de leur agencement, des outils utilisés pour y accéder, la présentation des résultats, etc.).
Un jugement a retenu que la société Optima On Line, qui développe et commercialise une base de données regroupant des informations sur les entreprises françaises, y compris des adresses e-mails, ne démontrait pas que « le choix et la disposition des matières étaient originaux, c'est-à-dire qu'ils portaient l'empreinte de la personnalité de son auteur. À défaut de décrire les choix opérés, de les citer et d'en exposer les motifs d'originalité, la société Optima On Line ne peut être qualifiée d'auteur de la base de données [...] ». (D'après un arrêt du TGI de Paris, Optima on Line c/ Media Contact Israel, 13 avril 2010.)

La protection par le droit spécifique du producteur de la base de données

Le producteur est la personne qui prend l'initiative et le risque des investissements correspondants. Ce droit protège l'investissement, qu'il soit financier (coûts d'acquisition des données et d'équipements, coûts de développement), matériel (obtention du contenu, investissement dans des logiciels ou des serveurs) et/ou humain (nombre de personnes impliquées dans le développement de la base et coût salarial, efforts commerciaux). Aux termes de l'article L. 342-1 du CPI : « Le producteur de bases de données a le droit d'interdire :
1° L'extraction, par transfert permanent ou temporaire de la totalité ou d'une partie qualitativement ou quantitativement substantielle du contenu d'une base de données sur un autre support, par tout moyen et sous toute forme que ce soit ;
2° La réutilisation, par la mise à la disposition du public de la totalité ou d'une partie qualitativement ou quantitativement substantielle du contenu de la base, quelle qu'en soit la forme. »
La durée de la protection est de 15 ans à compter de la mise à disposition du public.

D'après Lejournaldunet.com

23. La base de données de Romain constitue-t-elle une œuvre originale ? Justifiez votre réponse.
24. Quels sont les éléments de la base de données protégés par le droit d'auteur ?
25. Quels sont les éléments protégés par le droit spécifique aux bases de données ?
26. Comment justifiez-vous l'existence d'un droit spécifique pour les bases de données ?
27. Identifiez les interdictions que peut poser le producteur d'une base de données aux utilisateurs.

B Les sites Internet

DOCUMENT 11 Les éléments de protection d'un site Web

Romain souhaite créer un site Web pour faire la promotion de la musique dub. Les internautes pourront visualiser des photos, des vidéos dont il est l'auteur, consulter le calendrier des événements musicaux et participer à un forum de discussion. Romain a l'intention d'y intégrer la base de données qu'il vient de terminer. Il compte créer une ambiance musicale avec ses propres compositions. Pour la réalisation de ce site, il s'est fait aider par un ami étudiant en informatique et par Léa qui étudie le graphisme. Il souhaite donner un nom à son site Web : « www.passiondudub.com ».

Le site Internet constitue une œuvre multimédia en ligne. Il est donc protégé par le droit d'auteur sous condition qu'il présente un caractère original, c'est-à-dire qu'il porte l'empreinte personnelle de son auteur. Chacun des éléments constitutifs d'un site bénéficie par ailleurs d'une protection qui lui est propre. Il peut s'agir de signes distinctifs qui font l'objet d'une protection à compter de leur enregistrement sur les registres de l'INPI, comme le logo ou le nom d'un site.
Le titulaire d'un nom de site Internet (le nom de domaine) dispose de deux moyens pour le défendre :

Le droit des marques
Le titulaire du nom de domaine peut l'enregistrer à l'INPI à titre de marque. Il peut donc engager une action en contrefaçon si un tiers l'utilise.

Le droit d'auteur
Le nom de domaine est protégé par le droit d'auteur en tant que titre d'une œuvre de l'esprit (CPI, art. L. 112-4, al. 1).

Remarque : un nom de domaine distinctif (connu du public) mais non enregistré comme marque est protégé contre l'utilisation postérieure de ce nom à titre de marque par un tiers. Le titulaire de ce nom peut donc agir en annulation de la marque.

28. Le site Web de Romain est-il une œuvre originale ? Justifiez votre réponse.
29. Distinguez les différents éléments qui constituent le site Web de Romain et expliquez comment ils sont protégés par le droit.
30. Quels sont les deux régimes juridiques qui permettent la protection du nom d'un site Web ?

RAISONNER SUR UN CAS Déterminer les moyens de protection à mettre en œuvre dans une situation donnée et en apprécier la pertinence

Afin d'enrichir sa base de données, Romain pense extraire des informations d'un site Internet auquel il est abonné.

31. À quelles conditions Romain peut-il extraire des informations provenant d'un site Internet ?
32. Peut-on considérer que Romain fait un usage normal et de bonne foi s'il commercialise sur DVD les données extraites de ce site ?
33. Comment le producteur d'une base de données peut-il faire respecter ses droits ?

DOCUMENT 12 Les limites du droit spécifique de la base de données

Les limites sont principalement constituées par les droits de l'utilisateur légitime d'une base de données ouverte au public par son titulaire. Il s'agit de la personne qui y a licitement accès. [...] En ce qui concerne les bases électroniques, il s'agit d'abord pour cet utilisateur légitime du droit **d'extraire ou de réutiliser une partie non substantielle de la base à quelque fin que ce soit.** Conformément à un usage normal et de bonne foi, l'utilisateur légitime est donc autorisé à télécharger une partie de celle-ci et à la copier sur tout support. Pour prouver l'atteinte à ses droits, le producteur dispose de la saisie-contrefaçon et il peut agir en référé pour prévenir ou faire cesser les agissements contraires à ses droits. L'atteinte aux droits du producteur est sanctionnée pénalement de 3 ans d'emprisonnement et de 300 000 euros d'amende (art. L. 343-1 du CPI).

Jacques Larrieu, *Droit de l'Internet*, 2e éd., Ellipses, coll.Mise au point, 2010.

1 La décision de YouTube de renforcer la protection des droits d'auteur

COMPÉTENCES :
- Caractériser les éléments principaux d'une protection et son évolution
- Déterminer les moyens de protection à mettre en œuvre dans une situation donnée et en apprécier la pertinence

YouTube, service de partage de vidéos de Google, permet aux créateurs de vidéos de monétiser leur contenu en y insérant des liens sponsorisés de la régie publicitaire Google AdSense. La rémunération est variable et dépend du nombre de fois où la vidéo est lue par les internautes.
Afin de mieux garantir le respect des droits d'auteur, YouTube impose, depuis 2013, un contrôle des œuvres avant leur publication pour déterminer le droit à monétisation des vidéos. Désormais, il faut détenir tous les droits nécessaires à l'utilisation à des fins commerciales des éléments visuels et audio, qu'ils soient la propriété de ceux qui mettent en ligne la vidéo ou d'un tiers. Dans ce dernier cas, une autorisation écrite expresse rédigée par le titulaire du droit est exigée. Il n'est donc plus possible pour les petits producteurs de reprendre de courts extraits pour illustrer, détailler ou égayer leur contenu en vertu des exceptions à la propriété intellectuelle. Cette mesure est fortement critiquée par les YouTubers et le monde du jeu vidéo, où de très nombreux internautes réalisent des vidéos de test de jeux et autres tutoriels, privant ainsi les éditeurs de jeux vidéo d'une publicité à moindre coût.

D'après Ludwig Gallet, lexpansion.com, le 13/12/2013.

À l'aide de vos connaissances et du texte ci-dessus, répondez aux questions suivantes.
1. En quoi consiste la monétisation des vidéos sur YouTube ?
2. En quoi les mesures prises par YouTube renforcent-elles la protection des droits d'auteur ?
3. Pourquoi certains YouTubers et les éditeurs de jeux vidéo dénoncent-ils ces mesures ?

2 La licence globale et les droits d'auteur

COMPÉTENCE :
- Caractériser les éléments principaux d'une protection et son évolution

LA LICENCE GLOBALE

La licence globale est une autorisation donnée aux internautes d'accéder à des contenus culturels (musique, films, textes) sur Internet et de les échanger à des fins non commerciales en contrepartie d'une rémunération versée aux artistes à l'occasion du paiement mensuel de l'abonnement Internet.
L'objectif de ce système est de trouver un compromis entre le fait que toute donnée numérique peut être copiée à l'infini et la nécessité de rémunérer les auteurs.
Les détracteurs de la licence globale avancent la difficulté de sa mise en application. En effet, comment rétribuer les auteurs à partir des milliards d'échanges qui se font chaque mois en *peer-to-peer* (P2P) ? Les spécialistes du numérique proposent que la collecte et la répartition soient effectuées par une société créée à cet effet. Cette société donnerait leur quote-part aux auteurs en fonction du trafic que leur œuvre aura suscité. Là encore, la difficulté réside dans la mesure du trafic et l'équité de la répartition.

À l'aide de vos connaissances et du texte ci-dessus, répondez aux questions suivantes.
1. Rappelez les sanctions de l'Hadopi en matière de lutte contre le téléchargement illégal.
2. Comment fonctionne la licence globale ?
3. Pourquoi la licence globale est-elle difficile à mettre en œuvre d'un point de vue pratique ?
4. Quel attribut du droit d'auteur la licence globale cherche-t-elle à protéger ?
5. La licence globale est-elle une solution satisfaisante pour protéger l'intégralité des attributs du droit d'auteur ?

ENTRAÎNEMENT À L'EXAMEN

Victor Portalis, jeune entrepreneur de 28 ans, possède de solides connaissances en informatique qu'il exploite à travers l'activité de sa société, la SARL VigieContrôle. Il a mis au point un système de contrôle parental qui repose sur le principe du « rien sauf », selon lequel aucun site n'est accessible aux mineurs sauf ceux répertoriés sur une liste blanche qu'il a créée de toutes pièces.

Victor est entré en pourparlers avec la société Securinfo pour travailler à l'élaboration d'une solution globale de contrôle parental. Deux mois plus tard, alors que le contrat avec Securinfo n'a toujours pas été conclu, il découvre avec stupéfaction que cette société a diffusé plus des deux tiers des données de sa liste blanche à des fournisseurs d'accès à Internet (FAI) qui proposent eux aussi un service de contrôle parental dans leur prestation.

Vous traiterez ces trois dossiers à partir de l'annexe et de vos connaissances.

DOSSIER 1

Très contrarié par les agissements de la société Securinfo, Victor envisage de saisir la justice pour faire valoir ses droits.

1. La liste blanche de Victor est-elle protégée par le droit d'auteur ? Justifiez votre réponse.

2. Quelles actions Victor peut-il intenter contre la société Securinfo ? (Vous envisagerez les actions à titre préventif et celles à titre répressif.)

3. Quel type de droit confère à Victor sa qualité de producteur de la base de données ?

ANNEXE

La société Le Réseau fleuri a constitué un réseau de fleuristes dont les données sont répertoriées dans deux bases qu'elle a elle-même créées. Leur plus gros concurrent, L'Agitateur floral, dirigé par un de ses anciens salariés, a réutilisé les données de Réseau fleuri pour son propre site Internet.
La société Le Réseau fleuri l'a assigné en justice, notamment pour violation du droit spécifique du producteur. La Cour de cassation confirme l'arrêt de la CA d'Aix-en-Provence en estimant que « le montant des investissements que la société Le Réseau fleuri déclarait avoir réalisés pour la constitution et le fonctionnement de ses deux bases de données pendant une vingtaine d'années n'était pas substantiel ». Le Réseau fleuri a donc perdu son procès, les investissements réalisés pour la création des bases de données étant peu importants (Cass. civ., 19 juin 2013).

DOSSIER 2

Victor a créé un site Internet marchand (www.vigiecontrole.com) où les internautes peuvent acheter des solutions logicielles personnalisées. Il a conçu l'architecture du site et créé un système de navigation très convivial. Il a mis en ligne des vidéos de démonstration qu'il a lui-même réalisées.
Il s'aperçoit qu'une société nouvellement créée utilise son nom de domaine comme marque. Il décide d'agir en justice.

4. Comment le site Web de Victor est-il protégé ?

5. Son action en justice a-t-elle des chances d'aboutir ? Justifiez votre réponse.

DOSSIER 3

Victor souhaite améliorer la qualité visuelle de son site Internet. En surfant sur le Web, il découvre une photo qui illustrerait bien le contenu de son site.

6. Quelles démarches Victor doit-il entreprendre s'il souhaite diffuser cette photo sur son site ?

7. Peut-il modifier la photo ?

8. Quel risque encourt-il s'il ne procède pas à ces démarches ?

- **Le droit d'auteur et sa protection**
  - Les caractéristiques du droit d'auteur
    - **Droit moral** : droit de divulgation, de repentir ou de retrait, droit au respect et à la paternité de l'œuvre
    - **Droit patrimonial :** droit de représentation et droit de reproduction de l'œuvre
  - Les conditions de la protection
    - Originalité de l'œuvre
    - Formalisation ou mise en forme de l'œuvre
  - Le recours possible
    - Mise en œuvre de l'**action en contrefaçon** par l'auteur victime

- **L'évolution du droit d'auteur face aux nouvelles pratiques numériques**
  - La création de l'Hadopi par la loi « Création et Internet »
    - Exemple d'adaptation du droit à cette évolution : la lutte contre le téléchargement illégal

- **Les créations numériques bénéficiant de la propriété intellectuelle**
  - Les bases de données
    - Protection par le droit d'auteur
    - Protection du producteur de la base par un **droit spécifique**
  - Les sites Internet
    - Œuvre multimédia protégée par le droit d'auteur
    - Protection des éléments du site par un droit qui leur est propre

MOTS-CLÉS

- base de données
- blog
- droit d'auteur
- droit moral
- droit patrimonial
- droit *sui generis*
- *peer-to-peer*
- site Internet
- streaming
- téléchargement

3 L'immatériel et la protection de la personne

SITUATION

Orianne et Justin, jeune couple d'une trentaine d'années, sont des adeptes des réseaux sociaux. Facebook et Twitter sont leurs compagnons quotidiens. Ils ont beaucoup d'amis et aiment bien faire la fête. Passionnés de voyage, ils partagent des photos et vidéos de leurs plus beaux moments de vacances sur Internet. Toujours prompts à dénicher de bonnes affaires, ils ont systématiquement recours à des agences de voyages en ligne pour réserver leurs séjours.

Orianne, très soucieuse de son apparence, a adhéré en ligne au programme diététique Santediet, après avoir rempli un long questionnaire sur son hygiène de vie. Elle vient d'offrir à Justin, adepte de la course à pied, une montre capable de tracer le dénivelé, les kilomètres parcourus, le nombre de foulées effectuées, le rythme cardiaque et les calories dépensées. Justin transfère ensuite les données enregistrées sur son ordinateur personnel en se connectant à un site applicatif dédié. Il peut ainsi visualiser ses progrès et personnaliser son entraînement.

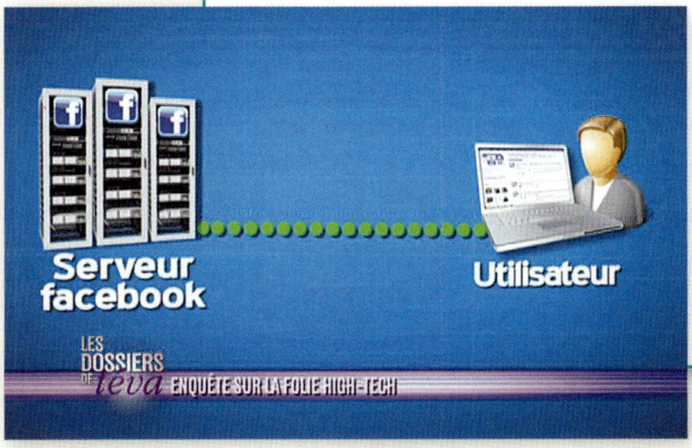

Vidéo 3.1 « Que fait Facebook de nos données personnelles ? »

1. En quoi les renseignements fournis par Orianne et Justin sur Internet constituent-ils des données personnelles ?
2. Quels sont les dangers potentiels auxquels Orianne et Justin sont exposés dans les situations décrites ci-dessus ?
3. À quel type de droit ces situations peuvent-elles porter atteinte ?

1 Apprécier la protection des données personnelles

DOCUMENT 1 La sphère privée des citoyens menacée à l'ère du numérique

Orianne est assaillie de messages publicitaires vantant les mérites de produits minceur. Diabétique, elle a reçu une publicité de Diabetforme, société spécialisée dans le conseil alimentaire et sportif adapté aux diabétiques.

Si la notion de données personnelles d'un individu englobe une quantité non négligeable et importante d'informations plus ou moins nominatives, force est de constater que bon nombre de personnes ignorent précisément de quoi il s'agit, mais aussi par qui et dans quel but des fichiers sont créés. S'il est aisé d'imaginer que nous sommes tous fichés par l'État et les organismes qui lui sont rattachés, par son employeur, par des associations indépendantes ou encore par des sociétés commerciales, on imagine moins être fichés par des sociétés que l'on ne connaît pas. Et pourtant, les données personnelles circulent facilement soit contre rémunération pour le titulaire du fichier, soit de manière involontaire en cas notamment de piratage informatique ou de détournement de la finalité d'un fichier. À l'heure d'Internet, du piratage informatique, de la traçabilité, du marketing comportemental, du *spam*, du développement de la biométrie, de la vidéosurveillance, des péages autoroutiers et d'autres technologies avancées, la préservation de sa vie privée n'est pas aisée.

D'après www.net-iris.fr/veille-juridique

1. Quelles données personnelles concernant Orianne la société Diabetforme a-t-elle exploitées ?
2. Dans quel but les entreprises utilisent-elles les données personnelles des internautes ?
3. Montrez en quoi le traitement des données personnelles présente un danger pour la vie privée des citoyens.

DOCUMENT 2 Le cadre national de la protection de données personnelles

Orianne soupçonne la société Santediet d'avoir divulgué ses données personnelles à des tiers.

La France a été le précurseur dans le domaine de la protection des droits de la personne avec l'adoption de la loi « Informatique et Libertés » du 6 janvier 1978. Cette loi reconnaît aux citoyens plusieurs droits qu'ils peuvent exercer par l'intermédiaire de la Commission nationale de l'informatique et des libertés (CNIL).

Droit à l'information	Toute personne a le droit de savoir si elle est fichée et dans quels fichiers elle est recensée. Ce droit de regard sur ses propres données personnelles vise aussi bien la collecte des informations que leur utilisation.
Droit d'accès	Toute personne justifiant de son identité a le droit d'interroger le responsable d'un fichier ou d'un traitement pour savoir s'il détient des informations sur elle et, le cas échéant, d'en obtenir communication.
Droit de rectification	Toute personne peut faire rectifier, compléter, actualiser, verrouiller ou effacer des informations qui la concernent lorsqu'ont été décelées des erreurs, des inexactitudes ou la présence de données dont la collecte, l'utilisation, la communication ou la conservation est interdite.
Droit d'opposition	• Toute personne a la possibilité de s'opposer, pour des motifs légitimes (familiaux, professionnels...), à figurer dans un fichier. • Toute personne peut refuser, sans avoir à se justifier, que les données qui la concernent soient utilisées à des fins de prospection, en particulier commerciale.

La loi de 1978 modifiée par la loi du 6 août 2004 stipule que tout responsable du traitement de données nominatives (personne qui détermine et décide de la politique de gestion des données personnelles dans l'entreprise) doit prendre les précautions utiles afin de préserver la sécurité de ces données en empêchant qu'elles soient déformées, endommagées, ou que des tiers non autorisés y aient accès.

4. Quels sont les droits dont dispose Orianne pour faire cesser ces pratiques ?
5. Quelle clause Santediet aurait-elle dû proposer à Orianne afin d'éviter la fuite de ses données ?

DOCUMENT 3 Le cadre européen de la protection des données personnelles

La directive 1995/46/CE relative à la protection des personnes physiques à l'égard du traitement des données à caractère personnel et à la libre circulation de ces données – commune à tous les pays de l'UE – définit ce qu'est une donnée à caractère personnel et pose les principes de la qualité de la donnée, la légitimation de son traitement, le type de catégories récoltées autorisées, le droit d'accès des personnes à leurs données, le consentement de délivrance des données et le droit d'opposition, la confidentialité et la sécurité des traitements, ainsi que sa notification.
Les révélations sur le programme PRISM de surveillance de la NSA (accès de la NSA aux données stockées par certains sites) ont renforcé la nécessité d'une révision législative. Le projet de règlement européen énonce 3 principes : le droit à l'oubli, le principe de minima selon lequel les données sont *a priori* utilisées de façon anonyme, et le principe de formatage et de remise des données à l'utilisateur dans un format permettant d'être réutilisable. Les entreprises devront mettre en place une gestion interne permettant l'application de ces mesures de protection (audits, registres…). À défaut, elles encourent des sanctions pouvant aller jusqu'à 2 % de leur CA mondial.

6. Comment la protection des données personnelles d'Orianne et de Justin est-elle assurée au niveau européen ?
7. Pourquoi est-il nécessaire de renforcer la protection des données à ce niveau ?

RAISONNER SUR UN CAS Apprécier la légalité d'une situation au regard de la protection de la personne dans la sphère privée

Justin est à la recherche d'un emploi. Il a répondu à une offre de SAS Consodirect, société de marketing direct. Il tape ses nom et prénom sur Google pour vérifier les informations qui circulent sur le Net. Les résultats de sa recherche sont surprenants : plusieurs liens vers Facebook, Twitter et Instagram renvoient à des photos et vidéos que ses amis et lui-même avaient postées il y a quelques années lors de fêtes arrosées et lors de ses dernières vacances.

8. Quelles sont les obligations du responsable du traitement informatique des données de la SAS Consodirect en cas de traitement informatisé des candidatures ? Justifiez votre réponse.
9. Comment pouvez-vous justifier l'existence du droit à l'oubli ? Quel en est l'intérêt pour Justin ?
10. En quoi le droit à l'oubli dont dispose Justin au niveau européen est-il renforcé ?
11. À quelles conditions Justin peut-il demander à Google la suppression des liens vers les pages Internet comportant des données personnelles ?

DOCUMENT 4 Les obligations du responsable du traitement informatique des données

Tout responsable de traitement informatique des données doit assurer la sécurité des fichiers, leur confidentialité, permettre l'information des personnes souhaitant exercer leurs droits. Il doit déclarer le fichier auprès de la CNIL (sauf dispenses) et demander son autorisation pour le traitement informatique des données susceptibles de menacer les droits et libertés fondamentaux des personnes. Il doit fixer une **durée de conservation raisonnable** des données en fonction de l'objectif du fichier. Un fichier doit avoir un objectif précis, les informations exploitées doivent être cohérentes par rapport à son objectif et ne peuvent pas être réutilisées de manière incompatible avec la finalité pour laquelle elles ont été collectées.

www.cnil.fr

DOCUMENT 5 La consécration du droit à l'oubli pour les citoyens européens

Depuis le 29 mai 2014, tout internaute européen peut effectuer auprès de Google une demande de suppression des résultats de recherche le concernant qu'il juge « hors de propos, obsolètes ou inappropriées ». Ce formulaire, accessible depuis le centre d'aide de Google, moteur utilisé pour 90 % des requêtes, se conforme à un arrêt favorable au « droit à l'oubli » rendu par la Cour de justice de l'Union européenne, le 13 mai 2014.

« Le Droit à l'oubli », M. Duretz, Le Monde.fr, le 02/06/14.

2 Caractériser les éléments principaux de la protection de la personne et son évolution

DOCUMENT 6 Les missions de la CNIL, l'autorité de régulation française

CNIL Commission Nationale de l'Informatique et des Libertés

Orianne s'est rendue sur le site de la CNIL afin de se renseigner sur ses droits puis elle a demandé à la société Santediet de supprimer les données relatives à son état de santé. Sa demande est restée sans réponse.

Créée par loi « Informatique et Libertés » du 6 janvier 1978, la CNIL est chargée de veiller à ce que l'informatique soit au service du citoyen et qu'elle ne porte atteinte ni à l'identité humaine, ni aux droits de l'homme, ni à la vie privée, ni aux libertés individuelles ou publiques. Elle exerce ses quatre missions conformément à la loi « Informatique et Libertés », qui la qualifie d'autorité administrative indépendante.

1. Information et conseil

– Mission générale d'information.
– Mise en place des actions de formation et de conseil auprès des correspondants Informatique et Libertés (CIL) éventuellement désignés dans les entreprises.

2. Régulation

– Mise à disposition du public de la liste des traitements qui lui ont été déclarés et de leurs principales caractéristiques.
– Autorisations ou avis pour les traitements de données « sensibles » (origine raciale ou ethnique, opinions politiques et religieuses, santé, vie sexuelle).
– Élaboration de textes-cadres pour les CIL afin de faciliter l'application de la loi.

3. Protection

Aide apportée aux citoyens pour accéder efficacement à leurs données en cas de difficulté dans l'exercice de leurs droits (utilisation d'un formulaire de plainte en ligne ou courrier adressé à la CNIL).

4. Contrôle

Possibilité d'accéder à tous les locaux professionnels, de demander communication de tout document nécessaire et d'en prendre copie, de recueillir tout renseignement utile et d'accéder aux programmes informatiques et aux données.

12. De quels pouvoirs la CNIL dispose-t-elle à l'encontre de la société Santediet suite à la plainte d'Orianne ?
13. Comment la CNIL permet-elle de protéger les données personnelles d'Orianne ?

DOCUMENT 7 Les pouvoirs de sanction de la CNIL

Orianne se tourne alors vers la CNIL qui lui a adressé un accusé de réception et l'informe que des sanctions seront prises à l'encontre de la société Santediet.

Des exemples de sanction

– Dans un arrêt du 12 mars 2014, un avertissement public a été prononcé à l'encontre du groupe Foncia pour commentaires excessifs sur leurs clients et prospects. La CNIL a constaté, lors d'un contrôle des bases informatiques du groupe Foncia, la présence dans les fichiers clients et prospects de milliers de commentaires excessifs portant sur des clients ou futurs clients d'agences immobilières, filiales du groupe : des commentaires insultants, des informations sur l'état de santé des personnes, des informations sur les opinions religieuses.
– Le 3 janvier 2014, la formation restreinte de la CNIL a prononcé une sanction pécuniaire de 150 000 euros à l'encontre de la société Google Inc., estimant que les règles de confidentialité mises en œuvre par celle-ci depuis le 1er mars 2012 ne sont pas conformes à la loi « Informatique et Libertés ».

D'après www.cnil.fr

14. Pourquoi le Conseil d'État a-t-il infligé un avertissement à l'encontre du groupe Foncia ?
15. Quelles sanctions la CNIL peut-elle prononcer à l'encontre de la société Santediet ?

DOCUMENT 8 Le correspondant Informatique et Libertés (CIL) et le délégué à la protection des données

Orianne travaille au sein d'un groupe de courtiers en assurances, Les Assurances Blanchard, à Aix-en-Provence. Un correspondant Informatique et Libertés, salarié de l'entreprise possédant des compétences juridiques et informatiques, a été désigné dès 2005.

Dans le dispositif actuel, le CIL (correspondant Informatique et Libertés), créé par la loi de 2004 dont la nomination n'est pas obligatoire, a pour mission de veiller à l'application de la loi « Informatique et Libertés » au sein de l'entreprise qui l'a désigné. La désignation d'un CIL permet d'alléger et d'améliorer la maîtrise des risques juridiques et techniques liés aux traitements des données personnelles. Le règlement européen prévoit de désigner un délégué (interne ou externe à l'entreprise) à la protection des données (DPD) dans 2 cas : si l'entreprise compte au moins 250 salariés ou si cette société traite des données sensibles, à savoir des données dont la nature, la portée et/ou la finalité exigent un suivi régulier et systématique des personnes concernées.

B. Deleporte et B. Sfez, www.dwavocat.blogspot.fr, le 29/01/2013.

16. Justifiez la désignation d'un correspondant Informatique et Libertés au sein des Assurances Blanchard.
17. En quoi l'obligation de désigner un délégué à la protection des données devrait-il permettre de renforcer la protection des données personnelles ?

RAISONNER SUR UN CAS Apprécier la légalité d'une situation au regard de la protection de la personne dans la sphère privée

Justin vient de créer une SARL dont l'activité est la vente de chaussures de course à pied à l'ergonomie adaptée au pied de chaque coureur afin d'améliorer le confort de course. Il conserve les coordonnées de ses clients dans un fichier pour la mise en place d'actions de fidélisation et d'offres promotionnelles. Il a créé un site Internet marchand d'accessoires de course pour développer son activité.

18. Qualifiez le type de données collectées par Justin.
19. À quelles conditions cette collecte de données est-elle légale ?
20. Quelle formalité Justin doit-il effectuer auprès de la CNIL pour le traitement des données de ses clients ?
21. Quelles sanctions encourt-il s'il cède les données de ses clients sans leur autorisation ?

DOCUMENT 9 La déclaration de fichiers à la CNIL

De nombreux fichiers ou traitements contenant des données personnelles sont dispensés de formalités déclaratives auprès de la CNIL, le plus souvent parce qu'ils ne portent pas atteinte à la vie privée ou aux libertés. Il existe un système de déclaration simplifiée et des cas d'exonération de déclaration. Hormis ces cas, déclarer un fichier ou un traitement de données personnelles est une obligation.

Un exemple de simplification : les fichiers clients-prospects et vente en ligne : norme simplifiée n° 48

Cette norme permet aux responsables de traitement d'effectuer une déclaration simplifiée, dans les conditions qu'elle précise, pour les traitements relatifs à la gestion de clients et de prospects, à l'exclusion de ceux mis en œuvre par les établissements bancaires ou assimilés, les entreprises d'assurances, de santé et d'éducation.

www.cnil.fr

DOCUMENT 10 Les sanctions pénales encourues par le responsable de traitement

Aux pouvoirs de sanction de la CNIL (avertissements, mise en demeure de faire cesser les manquements, sanctions pécuniaires) s'ajoutent des sanctions pénales en cas de manquement du responsable de traitement à ses obligations. Pour exemples, le non-accomplissement des formalités auprès de la CNIL est sanctionné de 5 ans d'emprisonnement et de 300 000 euros d'amende, le refus ou l'entrave à l'exercice des droits des personnes est puni de 1 500 euros par infraction constatée et de 3 000 euros en cas de récidive. Le responsable de traitement est en général le chef d'entreprise.

1 Les droits des personnes sur leurs données personnelles

COMPÉTENCE :
➡ Apprécier la légalité d'une situation au regard de la protection de la personne dans la sphère privée

La société Energinet est spécialisée dans la commercialisation de boissons énergisantes. Pour développer son activité, elle effectue des enquêtes sur les modes de consommation de ce type de boissons.

DOCUMENT 1

Formulaire de collecte de données personnelles
Monsieur Marc Dubois, gérant de la SARL Energinet *(Veuillez indiquer l'identité du responsable du traitement.)* Les informations recueillies font l'objet d'un traitement informatique destiné à : Collecter les données personnelles vous concernant afin de dresser un profil de consommation des consommateurs de boissons énergisantes. *(Veuillez préciser la finalité.)* Les destinataires des données sont : la SARL Energinet et ses partenaires, la SAS Sportplus et la SARL Vivanet. *(Précisez.)* Conformément à la loi « Informatique et Libertés » du 6 janvier 1978 modifiée en 2004, vous bénéficiez d'un droit d'accès et de rectification aux informations qui vous concernent, que vous pouvez exercer en vous adressant à : Service Relations clients, 08 345 678 322, Marseille Cedex 13 *(Veuillez préciser le service et l'adresse.)* Vous pouvez également, pour des motifs légitimes, vous opposer au traitement des données vous concernant.
Ces informations sont nécessaires à notre société pour traiter votre demande. Elles sont enregistrées dans notre fichier clients et peuvent donner lieu à l'exercice du droit d'accès et de rectification auprès de notre service clientèle. ***(Précisez ici les coordonnées du service.)*** Si vous ne souhaitez pas que vos données soient utilisées par nos partenaires à des fins de prospection, veuillez cocher la case ci-contre : ❑

DOCUMENT 2

Le responsable de traitement doit informer les personnes concernées de son identité, de la finalité de son traitement, des destinataires de ces informations, de l'existence de droits pour les personnes fichées, des transmissions envisagées. Cette information se fait en principe au moment où sont collectées les données (commande, souscription d'un abonnement...).

En vous appuyant sur les documents 1 et 2, répondez aux questions suivantes.

1. Identifiez le document 1.
2. Qui doit le remplir ?
3. À qui est-il destiné ?
4. Quelle est sa finalité ?
5. Quels sont les droits protégés par ce document ?

2 L'utilisation des données personnelles par les entreprises

COMPÉTENCES :
➡ Apprécier la légalité d'une situation au regard de la protection de la personne dans la sphère privée
➡ Apprécier la protection des données personnelles de la personne

Vidéo 3.2 « Les informations personnelles : des fortunes en fichiers »

En prenant appui sur la vidéo proposée, rédigez une note structurée faisant apparaître les dangers des pratiques des entreprises pour la protection des données personnelles et les moyens dont disposent les citoyens pour s'en défendre.

La société Alliances Informatiques Services (AIS) commercialise des services bureautiques auprès de particuliers. Afin de développer son activité, elle collecte depuis 2013 des données concernant des personnes physiques à l'aide du logiciel Free Protect. Grâce à ce logiciel, elle constitue des fichiers ou des traitements informatiques en vue de leur diffuser des messages publicitaires. Ainsi, elle peut gagner de nouveaux clients avec un investissement minimum, ce qui se révèle bien opportun en ces temps de crise.

Vous traiterez ces deux dossiers à partir des annexes et de vos connaissances.

DOSSIER 1

La société AIS vient de recevoir un courrier virulent d'une entreprise concurrente qui la menace de la dénoncer à la CNIL si elle n'arrête pas ses pratiques de collecte et de traitement.

1. Qualifiez le type de données collectées et traitées par la société AIS.
2. À quelles conditions cette collecte est-elle légale ?
3. Rappelez les pouvoirs de la CNIL et expliquez les sanctions que celle-ci pourrait prendre à l'encontre de la société AIS.

ANNEXE 1

Cass. crim., 14 mars 2006 (extraits) : « [...] d'une part, constitue une collecte de données nominatives le fait d'identifier des adresses électroniques et de les utiliser, même sans les enregistrer dans un fichier, pour adresser à leurs titulaires des messages électroniques ; [...] d'autre part, est déloyal le fait de recueillir, à leur insu, des adresses électroniques personnelles de personnes physiques sur l'espace public d'Internet, ce procédé faisant obstacle à leur droit d'opposition [...]. »

DOSSIER 2

Le gérant de la société AIS a entendu parler par un ami qui dirige une agence de voyages en ligne de l'excellence des services d'une entreprise de profilage des internautes. Selon ses dires, les technologies ont considérablement évolué et permettent un ciblage de plus en plus fin. D'ailleurs, son chiffre d'affaires a bondi de 10 % par rapport à l'année précédente. La société AIS est tentée de faire appel aux services de cette entreprise.

4. Quels seraient les droits des internautes qui seraient ciblés par la société AIS quant à l'utilisation de leurs données personnelles ?
5. Justifiez l'existence d'une recommandation de la CNIL relative au profilage des internautes.
6. En quoi cette recommandation renforce-t-elle les droits des internautes ciblés par la société AIS ?

ANNEXE 2

Recommandation de la CNIL du 5 décembre 2013 relative aux cookies et autres traceurs

Art. 1 – L'article 32-II de la loi du 6 janvier 1978 modifiée vise toute action tendant à accéder, par voie de transmission électronique, à des informations déjà stockées dans l'équipement terminal d'un abonné ou d'un utilisateur de service de communications électroniques, ou à inscrire des informations dans cet équipement. Elle concerne les cookies HTTP, par lesquels ces actions sont le plus souvent réalisées. Mais elle a vocation également à s'appliquer à d'autres technologies (notamment, en l'état des connaissances actuelles, les *local shared objects* appelés parfois les cookies « flash », les pixels invisibles ou « *web bugs* », les identifications par calcul d'empreinte du terminal ou encore des identificateurs cachés).

Art. 2 – Les cookies nécessitant un recueil du consentement ne peuvent être déposés ou lus sur son terminal tant que la personne n'a pas donné son consentement. [...] La validité du consentement est liée à la qualité de l'information reçue. Celle-ci doit être visible, mise en évidence et complète. Le consentement doit se manifester par le biais d'une action positive de la personne préalablement informée des conséquences de son choix et disposant des moyens de l'exercer.

La sphère privée menacée à l'ère du numérique

- Risques démultipliés par la circulation des données personnelles sur la Toile
  - **Loi « Informatique et Libertés » :** information et conseil, régulation, protection
- Le cadre national de la protection des données personnelles
  - – Des **droits** pour les citoyens français (droit à l'information, droit d'accès, droit de rectification et droit d'opposition)
  - – Des **obligations** pour les responsables de traitement des données
  - **Sanctions pénales** si violation
- Le cadre européen de la protection des données personnelles
  - – Recherche d'une harmonisation de la protection entre les pays de l'UE
  - – Projet de règlement européen : droit à l'oubli, principe de minima, formatage et remise des données

Les organes de contrôle

- La Commission nationale de l'informatique et des libertés (CNIL)
  - **Rôle :** protection des personnes contre l'atteinte aux droits et libertés fondamentaux à l'ère du numérique
  - **Pouvoirs :** contrôle et sanction
- Le correspondant Informatique et Libertés et le délégué à la protection des données
  - – Désignation facultative
  - – Application de la loi « Informatique et Libertés » facilitée

MOTS-CLÉS

- biométrie
- CNIL
- cookie
- correspondant Informatique et Libertés (CIL)
- délégué à la protection des données (DPD)
- données personnelles
- loi « Informatique et Libertés »
- spamming
- vidéosurveillance

4 L'immatériel dans le monde du travail

SITUATION

Marion Clair est une chef d'entreprise qui a pris la suite de son père à la tête de la SARL Clair, dont elle a reçu la majorité des parts en héritage. La société, qui emploie 68 salariés, appartient au secteur du développement et de la vente de logiciels.

Du fait de sa culture et de ses études, Marion s'est naturellement tournée vers l'informatique et les technologies de l'information et de la communication (TIC). Aussi, consciente qu'elle peut en tirer des avantages multiples (partage d'informations, stockage des données, mobilité des acteurs, etc.), ne manque-t-elle pas de les utiliser et de les promouvoir dans son entreprise. Pourtant, elle sait aussi que l'outil informatique au travail peut faire naître des problèmes spécifiques (crainte des contrôles intrusifs, adaptation à de nouvelles méthodes de travail, risque de dérives dans l'usage de l'ordinateur, etc.). Sur ce point d'ailleurs, le naturel méfiant de Marion l'amène parfois à se confronter soit à des demandes d'explication, soit à des réclamations de Bastien Friche, délégué du personnel et membre du comité d'entreprise, particulièrement soucieux de remplir ses missions auprès de la gérante de l'entreprise.

L'apport des TIC à l'organisation du travail

- Une meilleure structuration du travail
- Un accès plus rapide à l'information
- Une réduction des coûts
- Un gain de flexibilité dans le travail
- Une amélioration de la qualité du travail et de la performance

D'après www.radiancehumanis.com

Vidéo 4.1 « Le télétravail chez Saint-Gobain »

1. Citez des tâches naturellement effectuées à l'aide d'un ordinateur.
2. En quoi l'usage des TIC peut-il faire naître des problèmes dans l'entreprise ?
3. Quels risques pour les droits de la personne au travail identifiez-vous du fait de l'usage des TIC ?

1 Apprécier la légalité de l'usage des TIC par l'employeur

DOCUMENT 1 Les TIC dans l'entreprise

Les technologies de l'information et de la communication (TIC) regroupent toutes les techniques utilisées dans l'informatique, les télécommunications et Internet permettant de produire, de transformer, de stocker ou de transmettre l'information. Elles comprennent aussi bien des outils physiques (ordinateurs, tablettes, smartphones, réseaux filaires, etc.) que des outils dématérialisés (logiciels, connexions sans fil, courriers électroniques, Internet/extranet, etc.).

D'après www.radiancehumanis.com

Dans le cadre de la gestion du recrutement, de la paie ou des carrières, employeurs et recruteurs ont fréquemment recours aux moyens informatiques. Ces outils contiennent de nombreuses informations concernant les candidats ou les employés.

www.cnil.fr

1. Donnez un exemple d'utilisation des TIC dans la SARL Clair pour chacune des formules : « produire l'information », « transformer l'information », « stocker l'information » et « transmettre l'information ».
2. Quels types de données personnelles l'employeur est-il amené à stocker ? Précisez à quel moment de la carrière de ses salariés.

DOCUMENT 2 Les TIC et les règles de protection des salariés

Marion Clair exploite en permanence les TIC. Elle est sur le point d'embaucher un infographiste et compte bien exploiter l'enregistrement vidéo et un logiciel de présélection pour retenir le meilleur candidat. Par ailleurs, elle envisage d'installer plusieurs caméras en divers lieux de l'entreprise et réfléchit à d'autres techniques qui pourraient lui assurer un contrôle plus efficace de l'activité des salariés.

1. Les principes généraux de protection des salariés

Code civil – Article 9, al. 1er – Chacun a droit au respect de sa vie privée.

Code du travail – Article L. 1121-1 – Nul ne peut apporter aux droits des personnes et aux libertés individuelles et collectives de restrictions qui ne seraient pas justifiées par la nature de la tâche à accomplir ni proportionnées au but recherché.

2. Les règles propres aux dispositifs de traitement automatisé des données personnelles

Diverses installations techniques mettent en œuvre un traitement automatisé des données personnelles de salariés : captation des conversations téléphoniques, vidéosurveillance, géolocalisation du personnel mobile, etc. Dans tous les cas, l'employeur doit impérativement respecter trois obligations prévues par la loi « Informatique et Libertés » et la CNIL.

→ Information préalable de chaque salarié concerné

→ Information préalable des représentants élus des salariés (comité d'entreprise ou délégués du personnel)

→ Déclaration préalable du dispositif à la CNIL, pour permettre les droits d'accès, de rectification et d'opposition (principes de la CNIL)

3. Dans quelle mesure Marion Clair peut-elle porter atteinte aux droits essentiels des salariés ?
4. En quoi l'usage des TIC dans l'entreprise et, plus particulièrement, l'enregistrement des données personnelles peuvent-ils constituer une atteinte à ces droits ?
5. Comment les règles propres aux dispositifs d'enregistrement des données personnelles permettent-elles de limiter les atteintes à la vie privée du salarié ?

DOCUMENT 3 Le recours aux TIC dans le recrutement

Bastien Friche veut vérifier que Marion Clair respecte bien les règles applicables au recueil et au traitement des données personnelles lors du recrutement. Il lui soumet ce document de la CNIL.

Quelles informations ? Pour quoi faire ?
Dans le cadre d'un recrutement, les données collectées ne doivent servir qu'à évaluer la capacité du candidat à occuper l'emploi proposé (qualification, expérience, etc.). [...]

Qui peut avoir accès aux données ?
Seules les personnes intervenant dans le processus de recrutement peuvent accéder aux informations d'un candidat. Outre les administrations informées de l'embauche (assurance chômage, maladie, retraite...), seules les personnes chargées de la gestion du personnel peuvent consulter les informations des employés. [...]

Quelles garanties pour la vie privée ?
– **Le droit d'être informé.** L'employeur doit informer les instances représentatives du personnel avant d'utiliser des techniques d'aide au recrutement ou des fichiers de gestion du personnel. [...]
– **Le droit d'accès d'un candidat à un emploi.** Le candidat doit être informé des méthodes et techniques d'aide au recrutement qui seront utilisées. Sur simple demande et sans avoir à la motiver, un candidat [...] peut obtenir une copie des données qui le concernent (recrutement, [...] évaluation des compétences...).
– **Une durée de conservation limitée.** En cas d'issue négative à une candidature, le recruteur devra informer le candidat qu'il souhaite conserver son dossier, afin de lui laisser la possibilité d'en demander la destruction. Si un candidat ne demande pas la destruction de son dossier, les données sont automatiquement détruites deux ans après le dernier contact. [...]

Quelle formalité CNIL ?
Les fichiers mis en œuvre dans le cadre du recrutement doivent être déclarés à la CNIL [...].

www.cnil.fr

6. Donnez des exemples de renseignements que Marion Clair ne pourra pas demander lors des entretiens d'embauche de l'infographiste, en expliquant pourquoi.
7. Relevez les objectifs et les limites des différentes règles juridiques protégeant les candidats à un emploi contre les abus dans l'usage des TIC lors du recrutement.

RAISONNER SUR UN CAS Apprécier la légalité de l'usage des TIC lors de l'exécution du contrat de travail : l'exemple de la vidéosurveillance

Après le vol de plusieurs ordinateurs, Marion Clair souhaite filmer les entrées et sorties de l'entreprise et sécuriser le garage en sous-sol. En outre, elle envisage la vidéosurveillance du bureau réservé aux stagiaires car elle estime que ces derniers utilisent parfois à mauvais escient l'ordinateur en surfant sur des sites non professionnels. Bastien Friche tente de l'en dissuader.

8. Dites dans quel(s) cas les installations de vidéosurveillance de Marion Clair sont-elles licites ou illicites ?
9. Pourquoi, selon vous, admet-on l'installation de caméras aux caisses des hypermarchés ?

DOCUMENT 4 L'installation d'un système de vidéo-surveillance

L'installation sur un lieu de travail d'un système de vidéosurveillance captant et conservant l'image sur un support numérique constitue un traitement automatisé de données personnelles soumis à la loi « Informatique et Libertés » [...].
Des caméras peuvent être installées sur un lieu de travail à des fins de sécurité des biens et des personnes, à titre dissuasif ou pour identifier les auteurs de vols, de dégradations ou d'agressions.
En revanche, un dispositif de vidéosurveillance ne peut avoir pour objectif la mise sous surveillance spécifique d'un employé déterminé ou d'un groupe particulier d'employés. Autrement dit, le recours à une telle pratique dans le seul but de contrôler l'activité professionnelle des salariés est prohibé. [...]
Les caméras ne doivent pas filmer les employés sur leur poste de travail, sauf circonstances exceptionnelles (employés manipulant de l'argent).
L'employeur est libre de mettre en place un procédé de surveillance dans les locaux où les salariés ne travaillent pas.

RF Social, janvier 2014.

2 Caractériser la protection du salarié utilisant les TIC

A Les problèmes liés à l'usage des TIC par le salarié et les limites du pouvoir de contrôle de l'employeur

DOCUMENT 5 L'abus du droit de surfer

Si Marion Clair est favorable à l'usage des TIC dans son entreprise, c'est qu'elle a réfléchi aux améliorations qu'elle peut en tirer. Comme tout employeur, elle a le droit d'organiser le travail et d'en déterminer les méthodes.
Les employés de la SARL Clair passent beaucoup de temps sur ordinateur, leur principal outil de travail. Pour autant, ils continuent à surfer sur le Net lors des pauses et à se servir de leur messagerie à des fins personnelles.

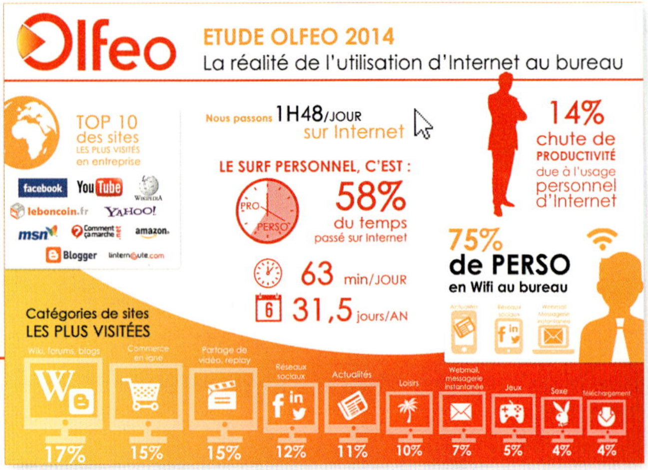

10. En quoi l'usage que les salariés font d'Internet est-il parfois contraire à leurs obligations contractuelles ?
11. Quelles seraient les conséquences pour l'entreprise d'une restriction de l'usage d'Internet ?

DOCUMENT 6 Le contrôle de l'utilisation d'Internet et de la messagerie

Marion Clair s'inquiète d'éventuels risques de perte de temps durant les heures de travail. Elle pense accentuer les contrôles de l'utilisation des outils informatiques par le personnel.

Code civil – Article 9 – Chacun a droit au respect de sa vie privée. [...]
Code pénal – Article 226-15 – Le fait, commis de mauvaise foi, d'ouvrir, de supprimer, de retarder ou de détourner des correspondances arrivées ou non à destination et adressées à des tiers, ou d'en prendre frauduleusement connaissance, est puni d'un an d'emprisonnement et de 45 000 euros d'amende.
Est puni des mêmes peines le fait, commis de mauvaise foi, d'intercepter, de détourner, d'utiliser ou de divulguer des correspondances émises, transmises ou reçues par la voie des télécommunications ou de procéder à l'installation d'appareils conçus pour réaliser de telles interceptions.

Le contrôle de l'utilisation d'Internet et de la messagerie : dans quel but ?

L'employeur peut contrôler et limiter l'utilisation d'Internet (dispositifs de filtrage de sites, détection de virus...) et de la messagerie (outils de mesure de la fréquence des envois et/ou de la taille des messages, filtres « anti-spam »...).
Ce contrôle a pour objectif :
1. d'assurer la sécurité des réseaux qui pourraient subir des attaques (virus, cheval de Troie...) ;
2. de limiter les risques d'abus d'une utilisation trop personnelle d'Internet ou de la messagerie (consultation de sa messagerie personnelle, achats de produits, de voyages, discussions sur les réseaux sociaux...).

Par défaut, les courriels ont un caractère professionnel.
L'employeur peut les lire, tout comme il peut prendre connaissance des sites consultés, y compris en dehors de la présence de l'employé.

Extrait du rapport de la CNIL « Travail & données personnelles », janvier 2013.

12. La règle est-elle le droit ou l'interdiction de contrôler le contenu des courriels du salarié ?
13. Quelle est la conséquence de la phrase soulignée au regard des possibilités de contrôle du chef d'entreprise ?

DOCUMENT 7 Le respect de la sphère privée du salarié

L'employeur ne peut pas recevoir en copie automatique tous les messages écrits ou reçus par ses employés, c'est excessif.
• Les « keyloggers » permettent d'enregistrer à distance toutes les actions accomplies sur un ordinateur. Sauf circonstance exceptionnelle liée à un fort impératif de sécurité, ce mode de surveillance est illicite.
• Les logs de connexion ne doivent pas être conservés plus de 6 mois.
• La **protection des courriels personnels** : un employé a le droit, même au travail, au respect de sa vie privée et au secret de ses correspondances privées. Un employeur ne peut pas librement consulter les courriels personnels de ses employés, même s'il a interdit d'utiliser les outils de l'entreprise à des fins personnelles.
Pour qu'ils soient protégés, les messages personnels doivent être identifiés comme tels, par exemple :
– en précisant dans leur objet « Personnel » ou « Privé » ;
– en les stockant dans un répertoire intitulé « Personnel » ou « Privé ».

Extrait du rapport de la CNIL « Travail & données personnelles », janvier 2013.

14. Quels droits fondamentaux des salariés s'imposent à Marion Clair lorsqu'elle veut contrôler les connexions Internet et la messagerie de ses salariés ?
15. Quelle précaution un salarié doit-il prendre pour empêcher le chef d'entreprise de prendre connaissance de ses messages personnels ?

RAISONNER SUR UN CAS Rédiger et qualifier un document relatif à l'usage des TIC

Marion Clair souhaite clarifier les conditions d'utilisation d'Internet au sein de la société. Elle prépare une note de service destinée à compléter le règlement intérieur. Désireuse de parvenir à un consensus avec les représentants du personnel, elle a rencontré Bastien Friche pour mettre au point les termes de la note.

16. Rédigez la note de service susceptible d'éclairer les salariés sur : leurs possibilités d'usage privé de l'ordinateur, les limites de cet usage, les contrôles possibles et les éventuelles sanctions encourues en cas de violation des règles.
17. Pourquoi la charte Internet a-t-elle un caractère obligatoire pour les salariés ?

DOCUMENT 8 L'utilité d'une charte Internet

Tout salarié doit pouvoir utiliser Internet, en particulier lors de pauses. La CNIL considère que le chef d'entreprise ne saurait porter atteinte à ce droit fondamental. Pour autant, il est normal que l'employeur cherche à se prémunir des usages illicites de l'informatique.

La **charte informatique** définit les conditions générales d'utilisation du système d'information et de communication, et notamment des accès Internet, des réseaux et des services multimédias au sein d'une entreprise ou d'une administration. [...]
Sa mise en place permet d'éviter toute forme d'abus de l'usage des outils informatiques et constitue une règle de référence en cas de conflit si elle est correctement déployée.

www.olfeo.com

DOCUMENT 9 Les éléments pour rédiger la note de service

- Droit d'user librement d'Internet et de la messagerie durant les pauses
- Usage de l'ordinateur durant les heures de travail limité aux besoins professionnels
- Possibilité de contrôle par la direction du contenu des dossiers, fichiers et courriels
- Interdiction de tout fichier personnel sur le bureau de l'ordinateur
- Pas d'usage d'Internet contraire à l'ordre public ou aux bonnes mœurs

B Les spécificités de la protection du télétravailleur

DOCUMENT 10 La définition du télétravail et du télétravailleur dans le Code du travail

Sabine Ricard, cadre de la SARL Clair, vient d'avoir son deuxième enfant et souhaite repenser l'organisation de son travail afin de pouvoir concilier sa vie professionnelle et sa vie familiale. Elle en discute avec Marion Clair, lui faisant observer qu'elle peut parfaitement exécuter ses tâches hors de l'entreprise puisqu'elle passe 80 % de son temps sur son ordinateur ou au téléphone.

Code du travail – Article L. 1222-9, créé par la loi du 22 mars 2012 (extrait)

[...] Le télétravail désigne toute forme d'organisation du travail dans laquelle un travail qui aurait également pu être exécuté dans les locaux de l'employeur est effectué par un salarié hors de ces locaux de façon régulière et volontaire en utilisant les technologies de l'information et de la communication dans le cadre d'un contrat de travail ou d'un avenant à celui-ci.
Le télétravailleur désigne toute personne salariée de l'entreprise qui effectue, soit dès l'embauche, soit ultérieurement, du télétravail tel que défini au premier alinéa. [...]

18. Sabine Ricard a-t-elle le profil d'une télétravailleuse ? Justifiez votre réponse.
19. Pourquoi n'est-il pas contraignant qu'elle n'ait pas été embauchée initialement dans le cadre d'un contrat de télétravail ?
20. En quoi télétravail et développement des TIC dans l'entreprise sont-ils liés ?

DOCUMENT 11 Les principes définis par l'accord national interprofessionnel (ANI) du 19 juillet 2005 sur le télétravail

Longtemps ignoré du législateur, le télétravail s'est développé d'abord sur le terrain conventionnel.
Certains principes protecteurs du télétravailleur ont été affirmés par un accord national interprofessionnel conclu entre les partenaires sociaux en 2005 (ANI télétravail).

Cet accord a fait l'objet d'un arrêté d'extension à toutes les entreprises en 2006. Il définit le télétravail salarié et un certain nombre de principes.

Principe de VOLONTARIAT	Le télétravail doit être volontaire.
Principe de TRANSPARENCE	La mise en place du télétravail doit donner lieu à consultation du comité d'entreprise.
Principe de CONTRACTUALISATION	Le télétravail doit faire l'objet d'un contrat.
Principe de PRISE EN CHARGE PAR L'ENTREPRISE DES COÛTS	L'employeur doit prendre en charge tous les coûts découlant directement de l'exercice du télétravail.
Principe de RÉVERSIBILITÉ	L'employeur et le salarié peuvent convenir, à l'initiative de l'un ou de l'autre, de mettre fin au télétravail.

www.ergostressie.com

21. Si Sabine Ricard accède au télétravail, ce choix est-il définitif ? Justifiez la règle appliquée.
22. En quoi le principe de contractualisation du télétravail protège-t-il à la fois le salarié et l'employeur ?

DOCUMENT 12 Les obligations légales de l'employeur à l'égard du télétravailleur

Marion Clair n'est pas opposée à l'idée de permettre à Sabine Ricard de devenir télétravailleuse. Cependant, elle s'interroge sur les obligations nouvelles qu'elle devra assumer.

Code du travail – Article L. 1222-10, créé par la loi du 22 mars 2012

Outre ses obligations de droit commun vis-à-vis de ses salariés, l'employeur est tenu à l'égard du salarié en télétravail :

1° De prendre en charge tous les coûts découlant directement de l'exercice du télétravail, notamment le coût des matériels, logiciels, abonnements, communications et outils ainsi que de la maintenance de ceux-ci ;

2° D'informer le salarié de toute restriction à l'usage d'équipements ou outils informatiques ou de services de communication électronique et des sanctions en cas de non-respect de telles restrictions ;

3° De lui donner priorité pour occuper ou reprendre un poste sans télétravail qui correspond à ses qualifications et compétences professionnelles et de porter à sa connaissance la disponibilité de tout poste de cette nature ;

4° D'organiser chaque année un entretien qui porte notamment sur les conditions d'activité du salarié et sa charge de travail ;

5° De fixer, en concertation avec lui, les plages horaires durant lesquelles il peut habituellement le contacter.

23. Expliquez le passage souligné de l'article L. 1222-10.
24. Quelles obligations spécifiques de l'employeur peuvent représenter un frein au télétravail ?
25. En quoi ces charges sont-elles compensées par les avantages du télétravail pour l'entreprise ?

RAISONNER SUR UN CAS Analyser les sources du droit régissant le télétravail

Six ou sept salariés de la société souhaitent passer au régime du télétravail. Après avoir consulté le comité d'entreprise, Marion Clair envisage de rencontrer les représentants syndicaux pour élaborer un accord d'entreprise sur ce thème.

26. Quel est l'intérêt d'un accord d'entreprise pour l'instauration du télétravail ?
27. Au-delà du rôle spécifique de cet accord, faites ressortir les apports de la loi et du contrat de travail pour le salarié comme pour l'employeur.

DOCUMENT 13 Un accord d'entreprise sur le télétravail

Signature d'un accord social sur le télétravail – Communiqué du 14 janvier 2014

La Banque Postale et les organisations syndicales CFDT, FO, CGC et CGT ont unanimement signé un accord relatif au télétravail. Cet accord est conclu à titre expérimental pour une durée de deux ans et donnera lieu à un premier bilan à l'issue de 9 mois d'application. [...]

Cet accord définit les grands principes et les modalités pratiques du télétravail :

- La décision d'accepter une demande de télétravail est prise par le manager à l'issue d'un entretien avec son collaborateur. Les modalités d'organisation et de planification seront déterminées entre le manager et le salarié, et formalisées par avenant au contrat de travail.
- Il est possible de télétravailler jusqu'à 2 jours maximum par semaine ou jusqu'à 4 jours consécutifs maximum par mois afin de garantir le maintien du lien avec l'entreprise et la communauté de travail.
- Le télétravail peut s'effectuer soit à domicile, soit, en accord avec le manager et lorsque la situation le permet, dans un local proche du domicile du salarié appartenant à La Banque Postale ou La Poste.
- L'accord prévoit que La Banque Postale s'engage à fournir et entretenir les équipements nécessaires à l'activité en télétravail.

http://legroupe.laposte.fr

1 Du bon usage d'Internet au bureau

COMPÉTENCE :
➡ Caractériser les spécificités du travail liées au TIC

Vidéo 4.2 « Viré pour avoir abusé d'Internet au travail »

Prenez appui sur vos connaissances et sur la vidéo proposée pour répondre aux questions suivantes.

1. Dans quelle mesure les salariés ont-ils le droit d'utiliser l'ordinateur de l'entreprise et Internet à des fins personnelles ?
2. Quelle peut être la sanction en cas d'abus ? Comment se justifie-t-elle juridiquement ?
3. Qu'est-ce qui justifie que l'employeur puisse contrôler l'usage d'Internet ? Comment peut-il s'opérer ?
4. Quel document le chef d'entreprise peut-il rédiger pour préciser les droits et obligations des salariés dans l'usage des TIC ?

2 Prudence avec les courriels et les messages publiés sur Facebook !

COMPÉTENCE :
➡ Apprécier la légalité d'une situation au regard de la protection du salarié dans la sphère professionnelle

Le salarié d'une entreprise fait passer à la direction le courriel (document 1) qu'il a reçu il y a quelques jours d'un de ses collègues (avec qui il vient de se fâcher).

1. En vous aidant des décisions de jurisprudence ci-après (document 2), indiquez si l'employeur peut se fonder sur ce courriel pour sanctionner le salarié indélicat. Justifiez votre réponse.
2. Précisez dans quel cas il est dangereux, pour un salarié, de tenir des propos désobligeants envers son employeur sur les réseaux sociaux.

DOCUMENT 1 Le courriel litigieux

Les caméras… encore un coup de la Marie Soupçon ! Ras-le-bol de cette vipère ! J'envisage sérieusement de quitter cette boîte dirigée par une paranoïaque ! Et toi ? Tu vas l'avoir ou pas ton mouchard embarqué ? Décidément, bien piquée la patronne !!!

DOCUMENT 2 Jurisprudence

1. Extrait d'un arrêt de la Cour de cassation, 26 janvier 2012

Attendu, selon l'arrêt attaqué, que M. X..., qui avait été engagé le 30 octobre 2003 en qualité de responsable division fonctionnel […], a été licencié pour faute grave […] pour avoir dénigré sa supérieure hiérarchique dans un courriel adressé à un collègue ; […]
Attendu cependant qu'un motif tiré de la vie personnelle du salarié ne peut justifier un licenciement disciplinaire que s'il constitue un manquement de l'intéressé à une obligation découlant de son contrat de travail ; […]
Que l'envoi du courriel litigieux par le salarié, de sa messagerie personnelle et en dehors du temps et du lieu de travail, à l'adresse électronique personnelle d'un collègue de travail, **ce qui conférait à ce message un caractère purement privé**, ne constituait pas un manquement à son obligation de loyauté envers son employeur […].

2. Extrait d'un arrêt de la Cour de cassation, 10 avril 2013

[…] Attendu qu'après avoir constaté que les propos litigieux avaient été diffusés sur les comptes ouverts par Mme X... tant sur le site Facebook que sur le site MSN, **lesquels n'étaient en l'espèce accessibles qu'aux seules personnes agréées par l'intéressée, en nombre très restreint, la cour d'appel a retenu, par un motif adopté exempt de caractère hypothétique, que celles-ci formaient une communauté d'intérêts** ; qu'elle en a exactement déduit que ces propos ne constituaient pas des injures publiques […].

ENTRAÎNEMENT À L'EXAMEN

La société Jardifice, spécialisée dans les produits botaniques et les accessoires de jardin, compte 15 magasins répartis sur le territoire français. Elle emploie 148 salariés, dont 34 cadres et employés de bureau.
Les TIC sont omniprésents dans l'entreprise : par les ordinateurs et logiciels utilisés, mais également par les dispositifs de surveillance, assez largement présents sur les sites de vente et aux caisses. D'ailleurs, les caissières des magasins Jardifice sont chargées d'actualiser un fichier informatique commercial en y enregistrant divers renseignements sur les clients (adresse, fréquence des achats, intérêt pour les promotions, etc.).

Vous traiterez ces deux dossiers à partir des annexes et de vos connaissances.

DOSSIER 1

Édith Dahan, caissière au Jardifice d'Antibes, vient de recevoir une convocation pour un entretien préalable à une sanction disciplinaire. Elle apprend par sa chef de service que la direction du magasin a observé, en consultant le disque dur de son ordinateur, qu'elle avait adressé et reçu plusieurs courriels personnels durant ses périodes de travail.

1. **Analysez la situation d'Édith Dahan en précisant à quelle condition elle risque une sanction.**

2. **L'employeur pourrait-il étayer ses preuves en produisant un enregistrement vidéo montrant Édith en train d'écrire un courriel personnel durant son service ?**

DOSSIER 2

Christian Ravier, cadre de la société Jardifice au magasin de Valence (26), souhaite déménager en Lozère, où sa femme vient d'ouvrir une maison d'hôtes. Ne voulant pas démissionner, il envisage de demander à la direction de l'entreprise de passer au télétravail. Il compte ainsi vivre une expérience nouvelle, tant au plan professionnel qu'au plan personnel.

3. **Comment le passage au télétravail doit-il être constaté pour être valable en droit ? Christian Ravier peut-il imposer à son employeur de répondre favorablement à sa demande ? Justifiez votre réponse.**

4. **Si Christian Ravier obtenait un poste en télétravail mais que cette expérience ne lui apportait pas les satisfactions espérées, pourrait-il imposer à son employeur de recouvrer un emploi au sein de la société ?**

ANNEXE 1

Extrait d'un arrêt de la chambre sociale de la Cour de cassation du 2 février 2011

Attendu, selon l'arrêt attaqué (Metz, 13 janvier 2010), que M. X..., engagé le 1er août 1995 [...] en qualité de barman, a été licencié pour faute grave le 4 avril 2001, pour avoir omis d'encaisser de nombreuses consommations ; qu'il a saisi la juridiction prud'homale d'une demande de paiement du salaire de la mise à pied et de diverses indemnités au titre de la rupture ; [...]
Attendu que l'enregistrement de l'activité de la caisse ne porte pas atteinte à la vie privée du barman [...].

ANNEXE 2

Le point sur le télétravail

– Mon employeur peut-il exiger que je revienne travailler dans ses locaux ?

L'ANI de 2005 a posé le principe de la réversibilité du télétravail. L'employeur, comme le salarié, peut y mettre fin sous réserve de respecter un délai de préavis raisonnable. Pourtant, deux arrêts récents semblent contredire ou, du moins, restreindre cette faculté (Cour de cassation, chambre sociale, 13 février 2013 et 12 février 2014). La Cour de cassation a jugé que l'employeur ne pouvait pas mettre fin au télétravail sans l'accord du salarié (et ce, même si son contrat comportait une clause de mobilité). Les juges y voient, en effet, une modification du contrat de travail qui ne peut pas être imposée.

- **Les principes encadrant la protection du salarié**
  - Les principes généraux
    - Respect de la vie privée
    - Seules atteintes possibles aux droits fondamentaux des salariés : celles qui sont justifiées et proportionnées
  - Les principes propres au droit des TIC
    - Information préalable des salariés et de leurs représentants et déclaration à la CNIL
    - Droits d'accès, de rectification et d'opposition des salariés

- **Les limites du pouvoir de contrôle de l'employeur**
  - Dans le recrutement
    - Usage limité aux informations indispensables à la sélection
  - Dans l'exécution du travail
    - Vidéosurveillance ou autres techniques intrusives (géolocalisation, enregistrement des conversations téléphoniques, etc.) réservées à des utilités spécifiques ou à la sécurité
    - Possibilité de contrôle par l'employeur de l'usage des TIC par les salariés
    - Droit d'usage personnel des TIC (sauf abus) et droit au respect de la vie privée

- **La protection du télétravailleur**
  - Définition légale et obligations précises de l'employeur
  - Cadre conventionnel préférable pour encadrer le télétravail
  - Contrat de travail, source des obligations précises des parties

MOTS-CLÉS

- CNIL
- respect de la vie privée
- télétravail
- TIC

Internet au service du commerce

Propriétaire de nombreux restaurants, Tristan Lobota, chef étoilé, a créé son entreprise de vente d'ustensiles de cuisine, Lobota-cuisine.com. Son expérience lui a permis d'apprécier la fonctionnalité des couteaux dédiés et autres ustensiles spécifiques, et il désire en faire profiter le plus grand nombre de personnes. Il décide de commercialiser ses produits exclusivement sur Internet car il trouve judicieux de limiter ses investissements.

Vous traiterez les dossiers suivants à partir des annexes et de vos connaissances.

DOSSIER 1 La protection du cocontractant consommateur (annexe 1)

Tristan Lobota souhaite mettre son offre en ligne et s'informe de la législation en vigueur. Il démarre son activité mais ne connaît pas suffisamment ses fournisseurs ; il souhaite donc insérer une clause restreignant sa responsabilité en cas de produits non conformes ou de délais de livraison trop longs.

1. Conseillez Tristan Lobota afin qu'il rédige une offre de contrat conforme au droit sur ce point. Précisez-lui les règles s'appliquant aux clauses restreignant la responsabilité du vendeur quant aux délais de livraison.
2. Indiquez en quoi les conditions de validité de l'offre protègent aussi le cybermarchand.

DOSSIER 2 Le respect des règles de droit fondamentales (annexes 2 et 3)

À l'approche des fêtes de Noël, Tristan Lobota pense pouvoir développer son fichier clients. Pour cela, il envisage de prospecter une nouvelle clientèle de particuliers et de professionnels. Il s'interroge sur les règles à suivre.

3. Dans une note structurée :
   - vous apprécierez les conditions de démarchage des particuliers et des professionnels ;
   - vous indiquerez les sanctions en cas de non-respect des règles de prospection.
4. Rédigez le message de prospection de Tristan Lobota.

DOSSIER 3 Les effets du contrat électronique (annexes 4 et 5)

Sabine Castelli est très intéressée par les produits proposés sur le site. Cependant, avant d'effectuer ses achats, elle aimerait savoir s'il y a une possibilité d'annuler le contrat et d'obtenir le remboursement du prix payé si elle n'est pas satisfaite de ses achats. Elle se réfère donc au bordereau de rétractation du contrat de vente.

5. Réécrivez le bordereau de rétractation de Lobota-cuisine.com pour qu'il réponde aux exigences du droit. Justifiez.

ANNEXE 1 **Les conditions générales de vente**

Certaines informations obligatoires doivent être regroupées dans l'offre, dans les conditions générales de vente. Le commerçant électronique est engagé par son offre aussi longtemps que celle-ci reste accessible au consommateur. Il est responsable de ce qu'il diffuse.
L'offre commerciale doit répondre aux obligations d'informations précontractuelles précisées par la loi du 17 mars 2014, qui impose, par le nouvel article L. 121-18 du Code de la consommation, que l'offre conclue « hors établissement » soit aussi complète que toute autre type d'offre de contrat. Elle doit préciser, notamment, les caractéristiques essentielles du bien ou service, son prix, les noms et les coordonnées des vendeurs, les frais de livraison, les modalités de paiement, de livraison ou d'exécution, l'existence d'un droit de rétractation, ses modalités et ses limites éventuelles, la durée de validité de l'offre.

Toute offre de vente doit respecter dans sa présentation les dispositions légales et réglementaires [...], et entre autres celles qui interdisent toute publicité concernant des allégations, indications ou présentations fausses ou de nature à induire en erreur [...].

Fevad.com

Conditions générales de vente : cinq clés pour se mettre en conformité

- Mentionner les conditions générales de vente, c'est une obligation.
- Rendre les conditions générales de vente accessibles ; le client doit pouvoir les imprimer pour les conserver.
- Adapter ses conditions générales de vente au commerce électronique ; si un marchand souhaite développer une activité de vente en ligne, il n'est pas possible de se contenter d'un copier-coller des CGV rédigées pour encadrer la vente traditionnelle.
- Proscrire les clauses qui déresponsabilisent l'entreprise.
- Dater et actualiser les CGV.

Solveig Emmerad-James, www.journaldunet.com

ANNEXE 2 **Le respect de la vie privée**

L'envoi de messages par un organisme qui a procédé à une collecte loyale des adresses électroniques est autorisé, c'est-à-dire lorsque les internautes ont été informés, lors de la collecte de leur adresse électronique, de l'utilisation de leur adresse à des fins notamment commerciales ou de sa cessation à des tiers à de telles fins et qu'ils ont été mis en mesure d'accepter ou de s'y opposer par un moyen simple (une case à cocher). L'utilisation d'une case pré-cochée est contraire à la loi.
Dans tous les cas, chaque message électronique doit obligatoirement :
- préciser l'identité de l'annonceur ;
- proposer un moyen simple de s'opposer à la réception de nouvelles sollicitations.

Sanctions :
- amende de 750 € par message expédié ;
- 5 ans d'emprisonnement.

ANNEXE 3 **Publicité par courrier électronique – Pour les contrats entre professionnels**

Principe : information préalable et droit d'opposition (*opt-out*).
La personne doit, au moment de la collecte de son adresse de messagerie, être informée que son adresse électronique sera utilisée à des fins de prospection, être en mesure de s'opposer à cette utilisation de manière simple et gratuite. Les adresses de types contact@nomsociete.fr sont des coordonnées de personnes morales ; elles ne sont pas soumises au principe du consentement et du droit d'opposition.
L'objet de la sollicitation doit être en rapport avec la profession de la personne démarchée.

ANNEXE 4 **Informations sur le droit de rétractation**

Le décret n° 2014-1061 du 17/09/2014 concernant les dispositions communes aux contrats conclus à distance et hors établissement renforce les obligations d'information précontractuelle sur le droit de rétractation : conditions, délai et modalités d'exercice, formulaire type de rétractation, coût de renvoi du bien [...]. L'obligation générale d'information précontractuelle est mise à la charge du professionnel. En cas de manquement, l'amende est de 3 000 euros maximum pour une personne physique ou 15 000 euros maximum pour une personne morale. C'est au professionnel d'apporter la preuve qu'il a rempli ses obligations.

Le bordereau permettant de se rétracter figure sur le contrat de vente de biens ou de prestation de service. En outre, depuis la loi consommation du 18 mars 2014, le consommateur peut remplacer le bordereau de rétractation par une déclaration exprimant sans ambigüité sa volonté de se rétracter envoyée par lettre recommandée avec accusé de réception, au vendeur. Si le professionnel omet de fournir au consommateur les informations relatives au droit de rétractation lors de l'information précontractuelle ou du contrat, le délai de rétractation est prolongé de 12 mois à compter de l'expiration du délai initial. Lorsque la communication des informations intervient pendant cette prolongation, le droit de rétractation expire au bout de 14 jours, à compter du jour où le consommateur a reçu les informations. Il appartient au consommateur d'être vigilant sur le respect des délais pour la rétractation, car la charge de la preuve de la rétractation pèse sur lui.

www.economie.gouv.fr

ANNEXE 5 Bordereau de rétractation

Bordereau de rétractation

(Veuillez compléter et renvoyer le présent formulaire uniquement si vous souhaitez vous rétracter du contrat.)

À l'attention de :
Lobota Cuisine, Chemin départemental 65
67134 Strasbourg

Fax : 08 25 64 78 34

E-mail : service@lobota.fr

Je vous notifie par la présente ma rétractation du contrat portant sur la vente du bien ci-dessous :
Nom du consommateur :
Adresse du consommateur :
Signature du consommateur :

Informations : il est rappelé au consommateur que :

- le consommateur doit justifier le motif de sa rétractation ;
- le consommateur dispose de 7 jours à compter de la commande pour se rétracter ;
- le fournisseur remboursera intégralement le consommateur dans un délai de 45 jours. La responsabilité du vendeur ne peut être mise en œuvre en cas de retard du remboursement.

Bordereau de rétractation établi selon le modèle du décret n° 2014-1061 du 17 septembre 2014 relatif aux obligations d'information précontractuelle et contractuelle des consommateurs et au droit de rétractation

5 Le risque et la protection des victimes

SITUATION

Maître Albert Josserand est un avocat réputé dans la ville de Caen, où son cabinet est établi. Il est connu pour défendre avec pertinence les victimes d'accidents de la circulation ou du travail, que l'affaire concerne une seule personne ou un groupe d'individus.

En ce moment, il travaille sur plusieurs dossiers concernant des situations très variées :

– Pierre Torre, un ouvrier d'usine, a été gravement blessé dans un accident du travail et reproche à son employeur d'avoir négligé ses obligations en matière de sécurité ;

– Juliette Venzal, une employée de banque, a tenté de se suicider à la suite d'une dépression liée au stress au travail ;

– Christiane Poiret, salariée d'une agence immobilière, s'est blessée en glissant dans l'escalier d'une maison qu'elle faisait visiter ;

– les locaux de plusieurs commerçants et artisans installés à Cabourg ont été inondés et certaines victimes ont des difficultés à établir le détail des préjudices subis pour leur compagnie d'assurances.

D'autres litiges sont actuellement traités dans le cabinet de maître Josserand, par lui-même et par sa collaboratrice, maître Céline Dubosc, chargée des affaires administratives.

Vidéo 5.1 « : « **Rejet accidentel d'uranium sur le site de Tricastin : pas de risques, paraît-il** »

1. Identifiez les risques ayant donné lieu à des dommages dans les divers dossiers traités actuellement par maître Josserand.
2. Parmi ces risques, lesquels vous semblent liés à la faute de quelqu'un ?
3. Lesquels, au contraire, vous paraissent sans lien avec une faute ?

1 Caractériser les différents risques professionnels et leurs effets

DOCUMENT 1 La diversité des risques

Le cabinet de maître Josserand accueille parfois des étudiants, comme Souad Brahmi, qui est en stage pour six semaines dans le cadre de son BTS Assistant de gestion PME-PMI. À ce titre, elle est chargée de diverses tâches administratives, voire de la préparation des dossiers, dont elle rassemble les éléments : déclarations de sinistre, courriers des clients, rapports d'expertise, etc. Aujourd'hui, maître Josserand lui demande de lui apporter le dossier de Pierre Torre, l'ouvrier récemment blessé. Souad recherche ce dossier dans le classeur des dossiers en attente.

Classeur des dossiers en attente

Incendies	Accidents du travail	Inondations	Accidents de trajet
Attentats	Maladies professionnelles	Catastrophes naturelles	Malveillances
Accidents médicaux	Accidents de la circulation	Intoxication	Produits défectueux

1. Dans quel dossier se trouvent les pièces concernant l'affaire de Pierre Torre ?
2. Dans quels dossiers se trouvent les affaires concernant Juliette Venzal, Christiane Poiret et les établissements de Cabourg ?
3. Quels risques listés dans ces classeurs ne sont pas forcément liés à la faute de quelqu'un ?

DOCUMENT 2 Les risques liés à l'industrialisation de la société

Maître Josserand traite régulièrement de problèmes liés aux risques professionnels. Depuis près de quarante ans qu'il exerce, il a observé une évolution du contentieux des accidents du travail, bien loin aujourd'hui de la première loi applicable dans ce domaine du droit.

Aux alentours de 1880, la concentration industrielle, le machinisme et le développement du travail au rendement augmentent le nombre d'accidents du travail. Un débat très large est alors engagé à la Chambre des députés et, pendant dix-huit ans, on va présenter, discuter, voter des projets qui seront toujours modifiés et rejetés par le Sénat pour enfin aboutir à une loi en 1898. [...]
Le développement de l'industrie entraîne un accroissement du risque d'accidents du travail et rend le problème plus sensible. [...] En mars 1883, lorsque la Chambre des députés discute pour la première fois des accidents du travail, elle est sous le coup de l'émotion produite par l'explosion d'une cartoucherie au Mont-Valérien. La catastrophe de Bessèges et Terrenoire produite au moment des discussions finales emporte les dernières hésitations du Sénat. Le mythe de la machine mangeuse d'hommes se développe et certaines statistiques semblent le confirmer.

F. Hordern, http://travail-emploi.gouv

Accidents du travail : la première loi d'assurance

La loi du 9 avril 1898 établit la notion de risque professionnel, lequel engage de principe la responsabilité de l'employeur. Celui-ci doit donc être assuré (en 1898, auprès d'assureurs privés), afin de remplir son obligation de réparation. En contrepartie de la certitude de la réparation, les salariés durent accepter que cette réparation fût forfaitaire, donc partielle.

www.clesdusocial.com

4. En quoi le progrès technique et les accidents du travail sont-ils indissociables de la société du XIXe siècle ?
5. Quels sont les avantages de la loi de 1898 pour les salariés ?
6. Quelle obligation imposée par cette loi aux employeurs est de nature à rassurer les salariés par rapport aux risques professionnels ?

DOCUMENT 3 Le développement de nouveaux risques professionnels

Pierre Torre, dont l'affaire est suivie par maître Josserand, a été victime d'une brûlure à l'acide chromique dans l'usine d'alliages chromés où il officie au poste de soudage. Il a été hospitalisé deux semaines et a connu une convalescence de quatre mois.

De nouveaux risques professionnels apparaissent soit du fait de technologies, de molécules chimiques nouvelles, de procédés de fabrication nouveaux..., soit du fait de modifications des modes de fonctionnement des entreprises ou de nouvelles formes d'emploi.
Par « nouveau », il faut entendre une émergence d'un risque jusqu'alors inexistant ou une intensification d'un risque déjà existant, mais concernant jusqu'à présent une faible population de travailleurs.

L'utilisation croissante des radiations ionisantes, des faisceaux laser, des nanotechnologies et biotechnologies, de milliers de nouvelles molécules dont un nombre très réduit d'entre elles a fait l'objet de tests complets pour détecter leurs risques cancérogènes ou allergènes, etc., génèrent de nouveaux risques professionnels. [...]

www.officiel-prevention.com

7. Qualifiez, dans le cas de Pierre Torre, le risque et le préjudice subis ainsi que leur origine.
8. Caractérisez les risques professionnels techniques dits « nouveaux ».
9. Qui sont les victimes potentielles de ces risques ?

RAISONNER SUR UN CAS Caractériser les risques liés aux conditions de travail

Juliette Venzal, l'employée de banque victime du stress au travail, souhaite obtenir la reconnaissance de l'origine professionnelle de sa dépression et de ses conséquences. C'est dans ce sens que maître Josserand veut orienter sa demande d'indemnisation.

10. Quel est l'intérêt, pour Juliette Venzal, que sa dépression soit rattachée à ses conditions de travail ?
11. En quoi sa tentative de suicide peut-elle générer des mesures de prévention dans son entreprise ?
12. Comment peut-on définir les risques psychosociaux ?
13. Peut-on rattacher ce type de risques à une faute particulière ?

DOCUMENT 4 Des risques professionnels autres que physiques

La précarisation croissante des emplois (CDD, intérimaires...), le développement de l'externalisation (*outsourcing*), de la sous-traitance, l'intensification des tâches mentales au travail, la complexification des procédures et des logiciels, la tertiarisation croissante de l'économie et la multiplication des emplois de bureau font partie des modifications des conditions de travail sociales ou organisationnelles qu'il convient aussi de prendre en compte dans l'adoption de mesures de prévention appropriées à l'enjeu que représentent les nouveaux risques professionnels, notamment psychologiques, qu'elles induisent [...].

www.officiel-prevention.com

Les risques psychosociaux regroupent :
– le stress au travail ;
– les violences internes (commises au sein de l'entreprise par des salariés : conflit, brimades, harcèlement moral...) ;
– les violences externes (commises sur des salariés par des personnes externes à l'entreprise) ;
– l'épuisement professionnel (ou *burn-out*) ;
– les formes de mal-être, de souffrance, de malaise ressenties par les salariés.

www.inrs.fr/risques/psychosociaux/ce-qu-il-faut-retenir.html

2 Analyser l'évolution des principes juridiques en matière de risques

A De la responsabilité pour faute à la responsabilité sans faute

DOCUMENT 5 La première source de responsabilité : la faute

Pierre Torre en veut à son employeur car l'origine de son préjudice se trouve dans le vieillissement et le manque d'entretien du dispositif de sécurité contre le risque de brûlure, maintes fois signalé à la direction de l'entreprise par le CHSCT (comité d'hygiène, de sécurité et des conditions de travail).

La responsabilité délictuelle – c'est-à-dire celle qui ne se rattache pas à une inexécution des obligations contractuelles – est prévue par le Code civil, dans ses articles 1382 et 1383. Ces textes sanctionnent la faute volontaire et la faute involontaire (imprudence, négligence). Dans le contrat aussi, la responsabilité trouve sa source dans la faute qui est à l'origine de l'inexécution des obligations. Parfois, la loi aggrave encore les conséquences de la faute, comme lorsqu'elle est inexcusable.

La faute inexcusable de l'employeur

Conditions de reconnaissance de la faute inexcusable	Effets de la faute inexcusable
1. Critères de la faute inexcusable La faute inexcusable de l'employeur est caractérisée en cas de manquement à son obligation de sécurité de résultat, dès lors qu'il avait ou aurait dû avoir conscience du danger auquel était exposé le salarié et qu'il n'a pas pris les mesures de prévention ou de protection nécessaires pour l'en préserver [Cass. soc., 28 févr. 2002]. [...] **2. Exemples** – L'utilisation d'une tondeuse à gazon qui ne comportait pas de dispositif de sécurité obligatoire à la date de l'accident [Cass. 2e civ., 2 avr. 2009] ; [...] – l'exposition à l'amiante, compte tenu de l'importance, de la nature de l'activité de l'entreprise et des travaux effectués par le salarié, même si à l'époque des faits il n'existait pas de réglementation en la matière [Cass. 2e civ., 3 juill. 2008 ; Cass. 2e civ., 7 mai 2009].	**1. Majoration de la rente de la victime** La reconnaissance de la faute inexcusable de l'employeur permet à la victime d'un accident du travail ou d'une maladie professionnelle de bénéficier d'une majoration de sa rente forfaitaire ou de son indemnité en capital [...]. **2. Réparation des autres préjudices** La victime peut aussi réclamer des dommages et intérêts au titre : – des préjudices visés par le Code de la sécurité sociale : préjudice causé par les souffrances physiques et morales, préjudices esthétiques et d'agrément [...] ; – des autres préjudices non visés : il peut s'agir, par exemple, des frais d'aménagement du logement et d'un véhicule [...]. **3. Conséquences financières pour l'employeur** [...] Cotisation complémentaire. C'est la CPAM qui verse directement à la victime et à ses ayants droit la majoration de rente et l'indemnisation des préjudices. Elle récupère ensuite ces sommes auprès de l'employeur [...]. L'employeur peut s'assurer contre les conséquences financières de sa faute.

14. Pourquoi peut-on dire que l'accident du travail de Pierre Torre est dû à une faute inexcusable de son employeur ?
15. Quelles sont les conséquences de cette qualification juridique ?

DOCUMENT 6 La faute et la sanction pénale

Code pénal – Article 222-19 – Le fait de causer à autrui [...], par maladresse, imprudence, inattention, négligence ou manquement à une obligation de prudence ou de sécurité imposée par la loi ou le règlement, une incapacité totale de travail pendant plus de trois mois est puni de deux ans d'emprisonnement et de 30 000 euros d'amende. [...]

16. L'employeur de Pierre Torre encourt-il une sanction pénale ? Justifiez votre réponse.
17. Quelle est la finalité de la responsabilité civile ? Quelle est celle de la sanction pénale ?
18. Dans quelle mesure peut-on dire que la faute demeure un fait générateur de responsabilité ?

DOCUMENT 7

La responsabilité sans faute dans la jurisprudence

Maître Josserand doit rassurer Christiane Poiret, la salariée d'une agence immobilière. Celle-ci craint en effet de ne pas être indemnisée pour le dommage consécutif à sa chute dans l'escalier, car elle ne peut reprocher aucune faute à personne.

La jurisprudence a, dès la fin du XIXe siècle, posé le principe selon lequel la preuve d'une faute n'est pas toujours indispensable pour établir la responsabilité civile d'une personne. En 1896, dans l'affaire Teffaine, la Cour de cassation a admis la responsabilité d'un employeur pour indemniser la veuve d'un mécanicien tué par l'explosion d'un des tubes de la machine à vapeur d'un remorqueur. Pourtant, il avait été établi que l'employeur ne pouvait pas connaître le défaut de soudure identifié comme le vice à l'origine de l'accident. Les juges ont considéré que l'application de l'article 1384, al. 1er du Code civil (« **On est responsable des choses que l'on a sous sa garde** ») permettait de retenir la responsabilité de l'employeur de façon « objective », en se démarquant de la responsabilité « subjective ».

Une autre procédure célèbre (affaire Jand'heur) a permis à la Cour de cassation de déclarer, dans un arrêt du 13 février 1930, que le gardien d'un véhicule à moteur ayant causé un dommage ne pouvait pas s'exonérer de sa responsabilité en établissant l'absence de faute de sa part. La doctrine a vu, dans ces deux arrêts fondateurs, l'affirmation de la **théorie du risque**, selon laquelle celui qui agit doit assumer les risques de son comportement, même si le dommage qu'il cause n'est pas d'origine fautive. Depuis, la jurisprudence a multiplié les exemples de responsabilité sans faute.

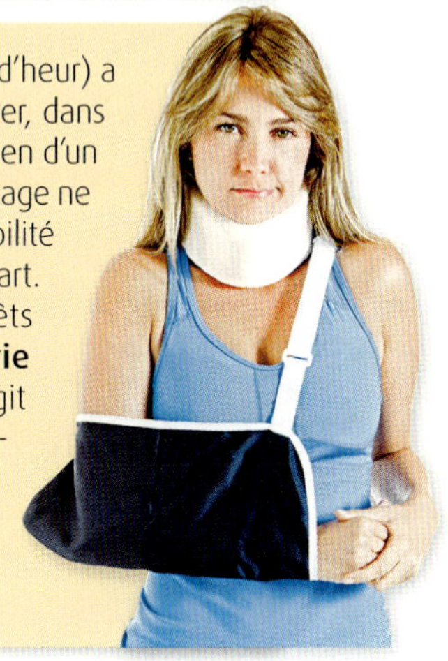

19. Christiane Poiret peut-elle espérer être indemnisée ? Justifiez votre réponse à la lumière des cas de jurisprudence rapportés dans le document 7.
20. Pour quelle raison, selon vous, la responsabilité objective est-elle une conséquence de l'expansion de l'usage des machines et des véhicules à moteur dans notre société ?

DOCUMENT 8

Une législation des risques où l'origine du préjudice n'est pas forcément la faute

Maître Josserand ne limite pas ses activités aux dommages professionnels. Il vient d'accepter de défendre les intérêts de Steve Durand, qui a été sérieusement blessé par un accident de la circulation peu banal : alors qu'il attendait pour traverser la rue, il a été renversé par une camionnette sans conducteur, le frein de stationnement du véhicule ayant lâché.

Exemples de lois spécifiques	Objectifs énoncés
Loi du 5 juillet 1985 tendant à l'amélioration de la situation des victimes d'accidents de la circulation et à l'accélération des procédures d'indemnisation	**Article 1** – Les dispositions du présent chapitre s'appliquent [...] aux victimes d'un accident de la circulation dans lequel est impliqué un véhicule terrestre à moteur [...]. **Article 3** – Les victimes, hormis les conducteurs de véhicules terrestres à moteur, sont indemnisées des dommages résultant des atteintes à leur personne qu'elles ont subis, sans que puisse leur être opposée leur propre faute à l'exception de leur faute inexcusable si elle a été la cause exclusive de l'accident. [...]
Loi du 19 mai 1998 relative à la responsabilité du fait des produits défectueux	**Article 2** – Il est inséré, dans le titre IV bis du livre III du Code civil, un article 1386-1 ainsi rédigé : « Art. 1386-1. – Le producteur est responsable du dommage causé par un défaut de son produit, qu'il soit ou non lié par un contrat avec la victime. »
Loi du 5 janvier 2010 relative à la reconnaissance et à l'indemnisation des victimes des essais nucléaires français	**Article 1** – Toute personne souffrant d'une maladie radio-induite résultant d'une exposition à des rayonnements ionisants dus aux essais nucléaires français [...] peut obtenir réparation intégrale de son préjudice dans les conditions prévues par la présente loi.

21. Identifiez les risques couverts par les lois citées dans ce document.
22. Ces risques trouvent-ils toujours leur source dans une faute ? Justifiez.
23. Grâce à quelle règle de droit Steve Durand est-il sûr d'être indemnisé ?

B Du risque individuel au risque collectif

DOCUMENT 9 La définition générale du risque majeur

Un restaurateur de Cabourg dont l'établissement a été sinistré lors de la dernière inondation évoque devant maître Josserand les circonstances qui ont entraîné les dégâts subis : de fortes pluies, la marée montante et des vents extrêmes ont créé une vague géante – inédite selon les services météorologiques – qui a envahi tous les établissements de la promenade Marcel Proust, en bord de mer.

Les différents types de risques auxquels chacun de nous peut être exposé sont regroupés en cinq grandes familles :
- les **risques naturels** : avalanche, feu de forêt, inondation, mouvement de terrain, cyclone, tempête, séisme et éruption volcanique ;
- les **risques technologiques** : d'origine anthropique, ils regroupent les risques industriel, nucléaire, biologique, rupture de barrage... ;
- les **risques de transports collectifs** (personnes, matières dangereuses) sont des risques technologiques. On en fait cependant un cas particulier car les enjeux [...] varient en fonction de l'endroit où se développe l'accident ;
- les **risques de la vie quotidienne** (accidents domestiques, accidents de la route...) ;
- les **risques liés aux conflits**.

Seules les trois premières catégories font partie de ce qu'on appelle le risque majeur.

Deux critères caractérisent le risque majeur :
- une **faible fréquence** : l'homme et la société peuvent être d'autant plus enclins à l'ignorer que les catastrophes sont peu fréquentes ;
- une **énorme gravité** : nombreuses victimes, dommages importants aux biens et à l'environnement.

[...]

D'une manière générale, le risque majeur se caractérise par de nombreuses victimes, un coût important de dégâts matériels, des impacts sur l'environnement [...].

« *La définition que je donne du risque majeur, c'est la menace sur l'homme et son environnement direct, sur ses installations, la menace dont la gravité est telle que la société se trouve absolument dépassée par l'immensité du désastre* », Haroun Tazieff [volcanologue].

Ainsi, la société comme l'individu doivent s'organiser pour y faire face.

www.risquesmajeurs.fr

24. Le restaurateur de Cabourg est-il la seule victime de l'inondation ?
25. Qualifiez le risque ayant causé les dégâts dans son établissement. Justifiez.
26. Expliquez la phrase soulignée dans le document 9.

DOCUMENT 10 Le rôle de la prévention

Le restaurateur de Cabourg et les autres commerçants s'estiment heureux malgré tout : grâce à l'alerte de l'AFPCN qui a été transmise par la préfecture – la tempête avait été signalée en provenance d'Angleterre –, seuls des dégâts matériels sont à déplorer, aucun dommage physique n'étant survenu.

Association Française pour la Prévention des Catastrophes Naturelles
AFPCN
Mieux comprendre, mieux prévenir

Association française pour la prévention des catastrophes naturelles	
AFPCN 19 avenue du Maine 75732 Paris Cedex 15	L'AFPCN fait partie de la plate-forme française de réduction des risques naturels et collabore avec le ministère du Développement durable. Elle organise des rencontres et des débats, de niveau national, européen et international, entre les pouvoirs publics et les membres de la société civile, sur le thème de la prévention des risques naturels. [...]

27. Pour quelle raison la prévention des risques naturels doit-elle être gérée à l'échelle internationale ?
28. Dans quelle mesure peut-elle limiter le coût pour la collectivité des risques majeurs ?

C La finalité de l'évolution du droit : l'indemnisation de la victime

DOCUMENT 11 Les risques anonymes

Lorsque le développement du machinisme a entraîné la multiplication des dommages causés par les choses (accidents du travail, accidents d'automobiles, etc.), il a paru, au fil des décennies, de moins en moins possible de se contenter des solutions d'une époque révolue. La justice et l'équité commandèrent d'assurer aux victimes la réparation de dommages *anonymes* [...].

F. Terré, Ph. Simler, Y. Lequette, *Droit civil. Les obligations*, Précis Dalloz, 11e éd.

Les dommages sont qualifiés d'« anonymes » lorsqu'il est impossible de les rattacher à un comportement fautif de l'homme. Pour autant, l'indemnisation des victimes s'impose ; c'est ce qui justifie le développement de l'assurance.

29. Les dommages liés au développement du machinisme sont-ils les seuls à pouvoir être qualifiés d'« anonymes » ? Justifiez.

30. En quoi les risques collectifs sont-ils souvent à l'origine de dommages anonymes ?

DOCUMENT 12 Le rôle de l'assurance

Souad Brahmi, la stagiaire de maître Josserand, est chargée des premiers contacts avec la Sécurité sociale et les compagnies d'assurances concernées par des procédures d'indemnisation que l'avocat règle le plus souvent à l'amiable.

Sinistre	Personne assurée	Assureur
Accidents du travail de Pierre Torre et de Christiane Poiret	L'employeur	La Sécurité sociale
Maladie professionnelle de Juliette Venzal	L'employeur	La Sécurité sociale
Accident de la circulation de Steve Durand	Le propriétaire de la camionnette	Une compagnie d'assurances privée ou une mutuelle
Inondation dans le restaurant de Cabourg	Le restaurateur	Une compagnie d'assurances privée ou une mutuelle

31. Précisez, dans chacun des cas ci-dessus, comment l'assurance joue un rôle essentiel en matière de responsabilité objective.

32. Dans quel cas l'assurance permet-elle d'aider la victime en faisant assumer à la collectivité le coût de la réparation de son dommage ?

RAISONNER SUR UN CAS Apprécier la présence du risque dans différentes branches du droit

Céline Dubosc, spécialiste de droit public chez maître Josserand, reçoit Yvan Leroux. En acceptant de prendre en charge dans son véhicule un policier municipal qui poursuivait un voyou, son client a subi un accident non pris en charge par sa compagnie d'assurances. Il veut être indemnisé par l'Administration.

33. Qualifiez Yvan Leroux dans son action d'aide à la police.

34. Le dommage subi par Yvan Leroux a-t-il pour origine une faute ?

35. Expliquez le fondement de la responsabilité de l'Administration à l'égard d'Yvan Leroux.

36. Quel rapprochement peut-on faire entre la prise en compte du risque en droit privé et en droit administratif ?

DOCUMENT 13 La responsabilité sans faute de l'Administration

Le régime de responsabilité sans faute [de l'Administration] permet l'indemnisation des collaborateurs du service public qui ont assumé et supporté un risque pour venir en aide à autrui. Plusieurs conditions ont été posées par la jurisprudence [...]. Il faut tout d'abord que l'action du collaborateur s'inscrive dans le cadre d'une mission de service public. Ensuite, il faut qu'il s'agisse d'une véritable collaboration et non d'une simple participation. Enfin, l'intervention du collaborateur doit être requise par l'autorité publique, ou tacitement acceptée par cette dernière, ou commandée par l'urgente nécessité.

www.mvdg-avocats.com/

1 Ne pas être médecin n'empêche pas de prévenir les accidents cardiaques

COMPÉTENCE :
➡ Caractériser les différents risques professionnels et leurs effets

Étudiez le cas de jurisprudence évoqué ci-dessous pour répondre aux questions posées.

1. Quels sont les faits à l'origine de ce litige ?
2. À quel type de risque professionnel le stress se rattache-t-il ?
3. Pourquoi les juges ont-ils condamné le chef d'entreprise pour faute inexcusable ?
4. De quel type de responsabilité s'agit-il ici : subjective ou objective ?
5. Quel est l'objectif de cette condamnation en termes de réparation et en termes de prévention ?

Stress au travail lié à une surcharge de travail et à une réduction des coûts : condamnation de l'employeur pour faute inexcusable

Un salarié employé dans deux sociétés de presse et d'édition, et en poste depuis 18 ans, est victime d'un infarctus du myocarde sur le lieu de travail. Le caractère professionnel de l'accident est reconnu. Le salarié saisit alors la juridiction de sécurité sociale d'une action en reconnaissance de la faute inexcusable de ses employeurs en vue d'obtenir une indemnisation complémentaire. Il soutient qu'ils avaient ou auraient dû avoir conscience du danger auquel il était exposé et n'ont pas pris les mesures nécessaires pour l'en préserver.
Les employeurs, condamnés en appel (CA Paris, 30 juin 2011), se pourvoient en cassation. Ils font valoir notamment qu'il ne pouvait pas être soutenu qu'ils auraient dû avoir conscience du danger auquel le salarié pouvait être exposé : le salarié avait toujours été déclaré apte à son activité professionnelle dans le cadre des examens médicaux obligatoires […].

La Cour de cassation rejette le pourvoi et approuve les juges du fond d'avoir affirmé qu'« un employeur ne peut ignorer ou s'affranchir des données médicales afférentes au stress au travail et ses conséquences pour les salariés qui en sont victimes ». Or, l'accroissement du travail du salarié, patent sur les années précédant son accident (augmentation de 41,5 % de sa production sur les 6 derniers numéros [du magazine mensuel] de l'année), la politique de surcharge, de pressions, « d'objectifs inatteignables » confirmée par des attestations sont des facteurs de risques pour la santé qui ne pouvaient être ignorés par l'employeur. […]

Cass. 2e civ., 8 nov. 2012, n° 11-23.855, extrait de www.lexisnexis.fr

2 Trop de pluie, beaucoup de dégâts !

COMPÉTENCE :
➡ Analyser l'évolution des principes juridiques en matière de risques

Vidéo 5.2 « Var : le chaos après les inondations »

Prenez appui sur vos connaissances et sur la vidéo proposée pour répondre aux questions suivantes.

1. Quel type de risque est présenté dans ce reportage ? Quelle en est l'origine ?
2. Qui sont les victimes et quels types de dommages ont-elles subis ?
3. Peut-on rattacher ces risques et dommages à une faute humaine ?
4. Comment, malgré le caractère « anonyme » de la catastrophe, le droit à indemnisation des victimes est-il mis en œuvre ?
5. Comment cette situation illustre-t-elle les notions de risque collectif et de prise en charge de l'indemnisation par la collectivité ?

Le groupe de distribution Sombral compte 28 supermarchés et 16 hypermarchés établis sur tout le territoire français. Son service juridique vous accueille en stage, vous donnant ainsi l'occasion de connaître de nombreuses situations litigieuses, que ce soit avec des partenaires externes (fournisseurs, clients, banquiers ou assureurs) ou avec des salariés. Les conflits opposant ces derniers à leur employeur ont parfois pour origine un accident survenu dans l'exercice de leur travail.

Vous traiterez ces deux dossiers à partir des annexes et de vos connaissances.

DOSSIER 1

M. Pline, informaticien au siège du groupe Sombral, est régulièrement amené à rester au bureau en dehors des horaires collectifs de travail afin de terminer ses dossiers. Il s'est fait une entorse cervicale, hier soir à 20 h, en tombant dans la cour intérieure de l'entreprise ; des passants l'ont aidé à se rendre aux urgences.

ANNEXE 1

Code de la sécurité sociale – Article L. 411-1

Est considéré comme accident du travail, quelle qu'en soit la cause, l'accident survenu par le fait ou à l'occasion du travail à toute personne salariée ou travaillant, à quelque titre ou en quelque lieu que ce soit, pour un ou plusieurs employeurs ou chefs d'entreprise.

1. **Comment qualifier juridiquement cet accident ? Quel est l'intérêt de cette qualification pour l'employeur et pour le salarié ?**
2. **Cet accident a-t-il pour origine une faute de la personne responsable ? Justifiez votre réponse en qualifiant la responsabilité mise en jeu.**
3. **Faites apparaître, dans une brève note structurée, les conditions propres à l'indemnisation du salarié victime d'un accident du travail, soit qu'aucune faute ne soit imputable à l'employeur, soit que ce dernier ait commis une faute inexcusable.**

DOSSIER 2

Lors de la livraison à domicile d'une commande faite par un client, le livreur, salarié de Sombral, a malencontreusement abîmé avec sa camionnette le portail de la maison où il se rendait. Un constat a été fait, le salarié ne contestant pas ses torts. Le client n'a pas tardé à demander réparation auprès de la direction du groupe Sombral.

4. **Qui a commis la faute à l'origine de ce dommage ? Qui est responsable du dommage causé au client ? Rapprochez vos deux réponses pour expliquer le caractère objectif de cette responsabilité.**
5. **Pensez-vous que l'employeur supportera personnellement le coût des dégâts ? Justifiez.**
6. **Comment se justifie le passage souligné dans l'annexe 2 lorsque le salarié commet une faute volontaire ?**

ANNEXE 2

La responsabilité de l'employeur

On a parfois dit : « celui qui commande est responsable ». Mais ce n'est pas une faute personnelle de l'employeur qui explique sa responsabilité. On estime que le commettant tire un certain profit de l'activité de ses préposés et qu'il doit supporter les risques de cette même activité. Sur un autre plan, pour la victime, les possibilités d'indemnisation sont plus importantes que si elle agissait contre le salarié. […]

Pour que le commettant (l'employeur) soit responsable, il faut d'abord pouvoir rattacher un fait générateur au préposé. Le plus souvent, il a commis une faute personnelle. […] Le dommage doit avoir été commis par le préposé dans l'exercice de ses fonctions ou au moins à l'occasion de ses activités professionnelles, que la faute soit involontaire ou volontaire.

Introduction au droit, DCG, Nathan.

- **Les différents risques professionnels**
  - Liés d'abord à l'industrialisation
    - Accidents liés à la mécanisation
  - Liés ensuite aux conditions de travail
    - Problèmes physiques (produits ou process dangereux, etc.)
    - Troubles psychosociaux (stress, harcèlement, etc.)

- **L'évolution des principes juridiques face aux risques**
  - De la responsabilité pour faute à la responsabilité sans faute
    - Rôle initial de la jurisprudence
    - Nombreux textes de loi aujourd'hui
  - Du risque individuel au risque collectif
    - Notion de risque majeur
    - Utilité de la prévention du risque collectif
  - La priorité de l'évolution du droit : l'indemnisation de la victime
    - Même quand il n'y a pas de responsable (risques « anonymes »)
    - Grâce au rôle essentiel de l'assurance

MOTS-CLÉS

- assurance
- responsabilité objective
- responsabilité subjective

6 Le principe de prévention

SITUATION

Loup Servat dirige depuis quinze ans le site industriel Trois-Fontaines Chemicals, qui produit divers engrais vendus dans le monde entier. L'explosion de l'usine AZF de Toulouse, en 2001, a durablement marqué les esprits dans le secteur des engrais, la catastrophe ayant causé la mort de 31 personnes, fait 2 500 blessés et provoqué une pollution importante de l'environnement aérien et fluvial.

Comme dans beaucoup d'entreprises du secteur, le risque est omniprésent chez Trois-Fontaines Chemicals, et ce dans de nombreux domaines : technologique, environnemental, humain...

Aussi, la prévention est-elle une priorité pour la direction du site. Cette prévention porte sur les conditions techniques de fonctionnement de l'entreprise, afin d'empêcher la survenue d'accidents dont les implications seraient plus ou moins étendues ; mais d'autres obligations de sécurité sont à sa charge.

Vidéo 6.1 « Toulouse : explosion de l'usine AZF »

1. Quel est l'objectif principal d'une politique de prévention ?
2. Les risques chez Trois-Fontaines Chemicals sont-ils certains ou probables ?
3. Quels sont les risques principaux chez Trois-Fontaines ?
4. En quoi la prévention doit-elle dépasser les seules conditions techniques de fonctionnement d'une entreprise ?

1 Déterminer le dispositif juridique adapté pour prévenir les risques technologiques et environnementaux

DOCUMENT 1 Les risques probabilisables

Le souvenir de l'usine AZF est ravivé chez Trois-Fontaines Chemicals en septembre 2015, lorsqu'on constate une montée en température alarmante dans un silo de stockage. Heureusement, les ingénieurs et techniciens sont parvenus à arrêter le processus chimique qui s'était déclenché, susceptible d'entraîner les mêmes conséquences qu'en 2001. Toute l'entreprise est sous le choc. Loup Servat décide de revoir attentivement sa politique de prévention et d'en effectuer un audit.
Ce travail comprendra inévitablement un volet spécifique de prévention des risques liés au travail salarié.

Le risque concerné par le principe de prévention doit être PROBABILISABLE, c'est-à-dire connu et identifié, même si sa survenue n'est pas certaine. Il relève de nombreux domaines : technique, environnemental, humain...

Principe de prévention selon le J.O. du 12 avril 2009 : principe selon lequel il est nécessaire d'éviter ou de réduire les dommages liés aux **risques avérés** d'atteinte à l'environnement, en agissant en priorité à la source et en recourant aux meilleures techniques disponibles.

www.dictionnaire-environnement.com

1. Qu'est-ce qu'un risque probabilisable ?
2. Quels sont les risques probabilisables chez Trois-Fontaines Chemicals, outre celui détecté ? Donnez un exemple.
3. Tous les risques sont-ils probabilisables ?
4. Les risques probabilisables sont-ils les mêmes dans toutes les entreprises ?

DOCUMENT 2 Les différents types de risques probabilisables

Quand parle-t-on de risque technologique ?	Quand parle-t-on de risque environnemental ?
Un risque technologique, c'est : • un évènement accidentel ; • se produisant sur un site industriel ; • avec de graves conséquences possibles pour : – le personnel, – les populations avoisinantes, – les biens, – l'environnement.	On entend par « risques liés à l'environnement » : 1) les risques industriels ou technologiques générés par l'entreprise (risques internes) impactant l'environnement : eau, air, sites et sols, bruit... ; 2) les risques d'agressions extérieures (risques externes) dont la dimension environnementale impacte l'entreprise, tels que : • les risques naturels : inondation, mouvement de terrain, tempête, foudre, sécheresse..., • les accidents extérieurs à l'origine de dommages environnementaux : rupture de digue, accident provoqué par une activité dangereuse avoisinante...

5. Selon vous, laquelle (lesquelles) des caractéristiques retrouve-t-on dans l'entreprise Trois-Fontaines ? De quel type de risque s'agit-il ?

DOCUMENT 3 La prévention, réponse au risque

Mieux connaître les risques, les identifier et les quantifier permet de mettre en œuvre les politiques de précaution, de prévention et de protection adaptées :
– en réduisant les risques à la source, *via* la substitution de substances toxiques ou cancérigènes par des produits moins dangereux ou la mise en œuvre de procédés intrinsèquement moins dangereux et en recourant au principe des meilleures techniques disponibles ;
– en limitant l'exposition au risque [...], notamment en maîtrisant l'urbanisation dans les zones à risques ou grâce à des ouvrages de protection contre les risques naturels.
Une vigilance et une alerte permanentes permettent d'anticiper toute dérive, de prévoir la survenue d'événements naturels et d'identifier les signaux faibles en termes de risques chroniques.

www.developpement-durable.gouv.fr

Connaître les risques	Évaluer leur probabilité de survenue	Prévenir
Ex. : explosion due au stockage de différents produits chimiques.	Ex. : x accidents survenus ces 10 dernières années en France dans des conditions similaires.	Ex. : former le personnel responsable des stocks pour éviter l'association de deux produits dangereux dans un même hangar.

6. Quel est le risque identifié au travers de la montée en température dans un silo de stockage chez Trois-Fontaines Chemicals ?
7. S'agit-il d'un risque industriel ou environnemental ? Justifiez votre réponse.

DOCUMENT 4 Les sources juridiques du principe de prévention

L'activité de Trois-Fontaines présente des risques importants : explosion, échauffement susceptible de provoquer un incendie, pollution de l'environnement... Le site est classé « Seveso », du nom d'une commune italienne sur laquelle s'est répandu un nuage de dioxine, en 1976, suite à l'explosion d'une usine chimique dans une ville voisine. Il faut faire le point sur cette législation découlant du Code de l'environnement car, à partir de 2015, de nouvelles obligations sont imposées aux entreprises concernées.

Loi du 30 juillet 2003	Le risque technologique est reconnu, l'information des salariés et des riverains des sites dangereux est organisée.
Loi du 13 août 2004	La prévention et l'organisation des secours éventuels deviennent l'affaire de tous : entreprises, riverains, pouvoirs publics.
Charte de l'environnement	Le droit de chacun de vivre dans un environnement de qualité est affirmé, ainsi que l'implication nécessaire de tous pour préserver cet environnement. Les citoyens sont invités à participer aux actions locales (ex. : tri sélectif) et nationales (ex. : privilégier l'achat de véhicules propres).
Code de l'environnement	Le principe de protection de l'environnement par la prévention systématique est posé. Les collectivités locales sont placées au premier rang : affichages préventifs, actions d'information...

À compter du 1er juin 2015, de nouvelles exigences seront applicables aux établissements afin de prévenir et de mieux gérer les accidents majeurs à partir d'une directive, dite « directive Seveso 3 relative aux accidents majeurs impliquant des substances dangereuses ». Elle y inclut un renforcement de la politique de prévention des accidents majeurs, qui devra garantir un niveau de protection accru dans tous les établissements, ainsi que de nouvelles obligations d'information à destination des populations en cas d'accidents majeurs.

www.developpement-durable.gouv.fr

8. Comment qualifier la place de la prévention dans l'évolution législative présentée ci-dessus ?
9. Selon vous, pourquoi la prévention n'est-elle plus uniquement l'affaire des professionnels ?
10. Ce nouveau texte est-il applicable au site Trois-Fontaines Chemicals ?
11. Quelles sont les nouvelles obligations pour les entreprises classées « Seveso 3 » ?
12. Cela vous semble-t-il en continuité avec les textes présentés dans le document 5 ?

2 Prévenir les risques pour la santé des salariés

DOCUMENT 5 Les risques auxquels sont soumis les salariés des entreprises

En décembre 2015, quinze salariés sont convoqués pour une visite médicale du travail. Certains produisent des engrais azotés et d'autres occupent des postes près des silos de stockage des produits chimiques. Le docteur Fleury d'Abbon constate alors qu'ils se plaignent des mêmes symptômes : maux de tête, suffocations régulières quinze minutes après leur arrivée sur le lieu de travail, voire même atteintes cutanées pour certains. De manière générale, tous évoquent de l'inquiétude et du stress suite à l'accident récemment évité de peu.

Types de risques pris en compte	Exemples
Risques chimiques et leurs conséquences	Irritations de la peau, gêne respiratoire
Risques liés aux phénomènes physiques et leurs conséquences	Gel des mains, brûlures...
Risques liés aux équipements	Explosions, dégagements de produits chimiques et leurs conséquences sur la santé
Risques d'incendie ou d'explosion	Brûlures...
Risques psychosociaux	Stress, harcèlement, épuisement, suicide lié au travail

Depuis une vingtaine d'années, le stress et les risques psychosociaux (RPS) sont progressivement apparus comme des sujets majeurs de la vie au travail.
À l'origine de ce phénomène, les transformations importantes des entreprises, des organisations et, par voie de conséquence, du travail : les salariés ont aujourd'hui davantage d'autonomie et de responsabilités ; mais ils rencontrent aussi plus de contraintes liées à l'urgence, à la multiplication des consignes, à des organisations complexes, à la pression du client ; ils sont ainsi davantage confrontés au poids de la charge mentale, cognitive et psychique.

www.anact.fr

13. Déterminez, selon le tableau ci-dessus, les différents types de risques répertoriés par le docteur d'Abbon.
14. Quelle est l'évolution du droit dans la prise en compte des risques ?

DOCUMENT 6 L'employeur au centre de la politique de prévention

Loup Servat est immédiatement alerté par le médecin du travail ; son rôle sera central dans la définition et la coordination des actions à prévoir.

Article L. 4121-1 du Code du travail (extrait)
L'employeur prend les mesures nécessaires pour assurer la sécurité et protéger la santé physique et mentale des travailleurs. [...]

Article L. 4121-2 du Code du travail (extraits)
L'employeur met en œuvre les mesures suivantes :
1° Éviter les risques ;
2° Évaluer les risques qui ne peuvent pas être évités ;
3° Combattre les risques à la source ; [...]
7° Planifier la prévention en y intégrant, dans un ensemble cohérent, la technique, l'organisation du travail, les conditions de travail, les relations sociales et l'influence des facteurs ambiants, notamment les risques liés au harcèlement moral et au harcèlement sexuel [...].

L'obligation du document unique d'évaluation des risques (DUER)
Les articles L. 4121-1 à 3 et R. 4121-1 et 2 du Code du travail imposent à l'employeur d'élaborer et de tenir à jour un document unique d'évaluation des risques (DUER) qui recense l'ensemble des risques pour la santé et la sécurité du personnel.

15. Comment pouvez-vous qualifier le rôle de l'employeur dans le dispositif de prévention ?
16. Parmi les mesures prévues par l'article L. 4121-2 du Code du travail, lesquelles doivent être mises en place par Loup Servat ?
17. Avec qui devra-t-il travailler pour les mettre en œuvre ?

DOCUMENT 7 Les acteurs de la prévention

Loup Servat organise une réunion d'urgence à laquelle tous les acteurs de la prévention sont conviés.

Article R. 4623-1 du Code du travail (extrait)

Le médecin du travail est le conseiller de l'employeur, des travailleurs, des représentants du personnel [...], notamment sur :

1° L'amélioration des conditions de vie et de travail dans l'entreprise ;

2° L'adaptation des postes, des techniques et des rythmes de travail à la santé physique et mentale, notamment en vue de préserver le maintien dans l'emploi des salariés ;

3° La protection des travailleurs contre l'ensemble des nuisances, et notamment contre les risques d'accidents du travail ou d'exposition à des agents chimiques dangereux [...].

Le CHSCT contribue à la protection de la santé et de la sécurité des travailleurs de l'établissement [...] et à l'amélioration des conditions de travail, notamment par :

- l'analyse des conditions de travail et des risques professionnels ;
- la vérification du respect des prescriptions législatives et réglementaires ;
- le développement de la prévention par des actions de sensibilisation et d'information ;
- l'analyse des circonstances et des causes des accidents du travail ou des maladies professionnelles ou à caractère professionnel.

Siègent au CHSCT :

- l'employeur ;
- la délégation du personnel (membres élus du CHSCT) ;
- à titre consultatif : le médecin du travail, le chef du service de sécurité et des conditions de travail.

travail-emploi.gouv.fr

L'inspecteur du travail peut assister aux réunions.
Les inspecteurs du travail sont chargés de veiller à l'application des dispositions du Code du travail et des autres dispositions légales relatives au régime du travail.
Ils sont également chargés, concurremment avec les officiers et agents de police judiciaire, de constater les infractions à ces dispositions et stipulations.

www.asn.fr

18. Quels sont les apports spécifiques du médecin du travail au CHCST ?

19. Quel est le rôle particulier de l'inspecteur du travail ? Loup Servat doit-il le convier à sa réunion ?

DOCUMENT 8 En cas de danger : droit d'alerte et droit de retrait

Quelles situations ?	De quoi s'agit-il ?	Qui l'exerce ?
Danger grave Et imminent pour la vie ou la santé du salarié	**Droit d'alerte :** alerter l'employeur.	Chaque salarié et/ou le CHSCT
	Droit de retrait : se retirer de la situation dangereuse.	Le salarié, selon son appréciation

Aucune sanction ne peut être prise contre le salarié si le retrait est justifié.

20. Dans quels cas peut-on utiliser le droit de retrait ?

21. Pourquoi le droit d'alerte est-il aussi donné au CHSCT ?

22. Un salarié de Trois-Fontaines Chemicals découvre une fuite de produits toxiques dans une cuve de l'usine. Que doit-il faire ? Peut-il utiliser son droit de retrait ?

1 Prévenir les risques psychosociaux

COMPÉTENCE :
➡ Déterminer le dispositif juridique adapté pour prévenir un risque

Le cabinet d'avocats LegiJuris, situé à Versailles, emploie, outre les trois avocats associés, cinq assistants de gestion salariés. Le succès de ce cabinet ne se dément pas et les affaires sont florissantes. Le travail s'accumule et les salariés sont soumis à des plages horaires de plus en plus larges pour satisfaire à des objectifs toujours plus ambitieux. Maître Joppin, le fondateur, parle d'embauches… mais pas dans l'immédiat. Les premiers arrêts de travail pour surmenage ont été enregistrés et le climat est tendu, certains salariés manifestant nettement leur exaspération.

En vous aidant des documents 1 et 2, répondez aux questions suivantes.

1. Quel problème se pose chez LegiJuris ? À quoi est-il dû ?
2. Selon vous, les droits d'alerte et de retrait sont-ils utilisables dans cette situation ? Justifiez.
3. Si maître Joppin ne réagit pas aux attentes des salariés, comment la situation peut-elle évoluer pour certains d'entre eux ?
4. Sur quel fondement la responsabilité de maître Joppin pourrait-elle être alors engagée ?

DOCUMENT 1 Le stress lié au surmenage, un RPS

Les risques psychosociaux (RPS) ne sont définis ni juridiquement ni statistiquement aujourd'hui en France. Ils sont à l'interface de l'individu et de sa situation de travail, d'où le terme de risque psychosocial. Sous l'entité RPS, on entend stress mais aussi violences internes (harcèlement moral, harcèlement sexuel) et externes (exercées par des personnes extérieures à l'entreprise à l'encontre des salariés).

Les facteurs connus sont :
- les exigences du travail et son organisation : autonomie dans le travail, degré d'exigence au travail en matière de qualité et de délais, vigilance et concentration requises, injonctions contradictoires ;
- le management et les relations de travail : nature et qualité des relations avec les collègues, les supérieurs, reconnaissance, rémunération, justice organisationnelle ;
- la prise en compte des valeurs et des attentes des salariés : développement des compétences, équilibre entre vie professionnelle et vie privée, conflits d'éthique ;
- les changements du travail : conception des changements de tout ordre, nouvelles technologies, insécurité de l'emploi, restructurations…

D'après www.travailler-mieux.gouv.fr

DOCUMENT 2 La responsabilité de l'employeur en cas d'accident cardiaque lié au stress

Lorsqu'une politique de réduction des coûts est engagée dans l'entreprise, elle ne doit pas peser sur la santé des salariés au point de représenter un risque.
Selon un arrêt de rejet de la chambre civile de la Cour de cassation rendu le 08/11/2012, à force de fixer des objectifs inatteignables, d'accroître le travail et les pressions, de manière patente sur plusieurs années, l'employeur ne peut ignorer le stress que génère le travail sur ses employés. Dès lors que l'employeur, qui a, ou aurait dû avoir, conscience du risque encouru par le salarié, s'abstient de prendre des mesures propres à l'en préserver, alors il commet une faute inexcusable. Celle-ci ouvre droit à indemnisation lorsque le salarié se trouve victime d'une crise cardiaque générée par le stress récurrent subi au travail.

Extrait de l'arrêt de la Cour de cassation du 08/11/2012

Un employeur ne peut ignorer ou s'affranchir des données médicales afférentes au stress au travail et ses conséquences pour les salariés qui en sont victimes ; l'accroissement du travail de M. X. est patent sur les années précédant son accident ; cette politique de surcharge, de pressions, « d'objectifs inatteignables » est confirmée […] ; l'obligation de sécurité pesant sur l'employeur ne peut qu'être générale et en conséquence ne peut exclure le cas, non exceptionnel, d'une réaction à la pression ressentie par le salarié […].

www.net-iris.fr

2 Les risques particuliers liés à la santé au travail

COMPÉTENCE :
➡ Déterminer le dispositif juridique adapté pour prévenir un risque psychosocial

Vidéo 6.2 « Risques psychosociaux : de quoi s'agit-il ? »

1. Quelles sont les causes des souffrances évoquées par les différents salariés ?
2. Les conséquences, tant pour les salariés que pour l'entreprise, sont graves. Construisez un tableau prévoyant l'intervention de chaque acteur avec l'action qu'il lui est possible de mener.

3 Repérer le risque pour le combattre à la source

COMPÉTENCE :
➡ Déterminer le dispositif juridique adapté pour prévenir un risque

La ville de Toulouse a connu la catastrophe d'AZF en 2001. Il y a peu, un incident aurait à nouveau pu déboucher sur une catastrophe écologique et humaine de grande ampleur.

Vidéo 6.3 « Toulouse, un nouvel AZF évité »

À partir de la vidéo, répondez aux questions suivantes.

1. Que s'est-il passé à Toulouse ?
   De quelle nature était le risque ?
2. Les deux intervenants représentent chacun une institution publique. Laquelle ?
3. Quel est le motif d'opposition entre les deux institutions représentées ? Quels sont leurs arguments respectifs ?
4. Le différend sera jugé au tribunal administratif. En vous appuyant sur le document 4, p. 61, qui devrait l'emporter ? Pourquoi ?

4 Le droit de retrait

COMPÉTENCE :
➡ Déterminer le dispositif juridique adapté pour prévenir un risque

Chez ArkaMédic, laboratoire pharmaceutique situé à Nice, on utilise des produits hautement concentrés, avec lesquels il faut absolument éviter tout contact car ils peuvent provoquer des brûlures graves. Lors d'un déchargement, une imprudence du chauffeur-livreur entraîne la chute puis l'éclatement de trois barils d'un produit étiqueté « toxique – ne pas mettre en contact avec la peau ou les muqueuses ». Les deux salariés chargés de réceptionner la marchandise fuient les lieux de l'accident et rentrent chez eux.

DOCUMENT 1 La mise en œuvre du droit de retrait

Le salarié confronté à un danger grave et imminent pour sa vie ou sa santé a le droit d'arrêter son travail et, si nécessaire, de quitter les lieux pour assurer sa sécurité. L'exercice de ce droit ne doit pas mettre d'autres personnes en situation de danger grave et imminent.

Le salarié doit avertir immédiatement l'employeur ou son représentant du danger de la situation, mais il n'a pas besoin de son accord pour user de son droit de retrait. Il peut aussi s'adresser aux représentants du personnel ou au comité d'hygiène, de sécurité et des conditions de travail (CHSCT).

DOCUMENT 2 Arrêt de la Cour de cassation, chambre sociale, du 20 novembre 2014 (extrait)

Sur le moyen unique :
Vu l'article L. 4131-3 du Code du travail ;
Attendu, selon ce texte, qu'aucune sanction, aucune retenue de salaire ne peut être prise à l'encontre d'un travailleur ou d'un groupe de travailleurs qui se sont retirés d'une situation de travail dont ils avaient un motif raisonnable de penser qu'elle présentait un danger grave et imminent pour la vie ou pour la santé de chacun d'eux ;
Attendu, selon l'arrêt attaqué, que M. X., agent de surveillance de la Société nationale des chemins de fer français, a été désigné pour effectuer, dans la nuit du 26 au 27 juin 2007, la surveillance d'un convoi ferroviaire comportant un wagon de la Banque de France transportant des espèces entre deux gares ; qu'il n'a que partiellement exécuté cette mission ; que l'employeur a prononcé à son encontre une mise à pied disciplinaire ;
Attendu que pour rejeter la demande d'annulation de cette sanction, l'arrêt retient que l'existence d'un risque ne suffit pas à démontrer qu'existait, au moment des faits, un danger grave et imminent pour la vie ou la santé des agents qui sont intervenus sur place, que le salarié ne verse aux débats aucune pièce établissant la réalité du danger grave et imminent qu'il allègue pour justifier l'exercice prétendu de son droit de retrait, que ce danger ne saurait résulter du défaut de fourniture d'un gilet pare-balles par l'employeur ;
Qu'en statuant ainsi, par des motifs inopérants, sans rechercher si le salarié avait un motif raisonnable de penser que la situation de travail présentait un danger grave et imminent pour sa sécurité et pour sa santé justifiant l'exercice de son droit de retrait, la cour d'appel a violé le texte susvisé ;
PAR CES MOTIFS : CASSE ET ANNULE

1. Les salariés d'ArkaMédic avaient-ils le droit de quitter les lieux ? Justifiez.
2. Ont-ils eu raison de rentrer chez eux ? Qu'auraient-ils dû faire ? Pourquoi ?
3. L'employeur peut-il les sanctionner pour être rentrés chez eux ? Pour quel aspect de leur comportement pourraient-ils être sanctionnés ?
4. Selon la jurisprudence, quelle est la limite du droit de retrait ?

Les Confiseries du Comté est une société familiale, située dans une grande ville du Sud de la France, qui commercialise des chocolats, calissons et confiseries fabriqués en Provence.

Dirigée par les frères Remigio, elle emploie une vingtaine de salariés. Parmi eux, Guillaume Dupont, agent de production travaillant directement sous les ordres de Mme Labesse, directrice de production, qui, à trois reprises, a mis directement en cause sa personne et son comportement : « Vous n'avez absolument pas le comportement ni l'allure de quelqu'un qui peut être mis en contact avec la clientèle », « Vos manières sont inadaptées pour ce métier », « Vos collègues plaisantent dans votre dos. » Ces attaques se répètent souvent.

Vous traiterez ces deux dossiers à l'aide de l'annexe et de vos connaissances.

DOSSIER 1

Vous êtes délégué(e) du personnel au sein des Confiseries du Comté. Guillaume vient vous consulter car il se sent de plus en plus mal dans l'entreprise, et sa santé s'en ressent. En outre, depuis cinq ans, il n'a jamais obtenu de promotion, contrairement à certains de ses collègues. Mais c'est surtout la répétition des attaques verbales qu'il ne supporte plus.

1. Qualifiez juridiquement la situation dans laquelle se trouve Guillaume.
2. Les directeurs de l'établissement peuvent-ils être mis en cause dans cette situation ?

DOSSIER 2

Guillaume s'inquiète : le harcèlement dont il s'estime victime est diffus et émane tant de la directrice de production que de certains de ses collègues de travail. Il vous demande de l'aider à préparer un rendez-vous qu'il entend demander rapidement à la direction.

3. Quel principe conviendra-t-il de rappeler à la direction lors du rendez-vous ?
4. Que pourra faire Guillaume au cas où ce rendez-vous ne débloquerait pas la situation ?

ANNEXE

Code du travail – Chapitre II : principe de non-discrimination

Article L. 1152-1 du Code du travail

Aucun salarié ne doit subir les agissements répétés de harcèlement moral qui ont pour objet ou pour effet une dégradation de ses conditions de travail susceptible de porter atteinte à ses droits et à sa dignité, d'altérer sa santé physique ou mentale ou de compromettre son avenir professionnel.

Article L. 1152-6 du Code du travail (extrait)

Une procédure de médiation peut être mise en œuvre par toute personne de l'entreprise s'estimant victime de harcèlement moral ou par la personne mise en cause.
Le choix du médiateur fait l'objet d'un accord entre les parties [...].

- **Les risques à prévenir**
  - Les risques probabilisables
    - Risques technologiques
    - Risques environnementaux
    - Risques humains

- **La prévention**
  - La démarche
    - Connaître les risques
    - Évaluer les risques
    - Prévenir les risques
  - Les textes
    - Lois
    - Charte de l'environnement
    - Code de l'environnement
  - Les acteurs
    - Rôle essentiel de l'employeur
    - Médecin du travail
    - CHSCT
    - Inspecteur du travail

- **Les droits du salarié face aux risques avérés**
  - Le droit d'alerte
  - Le droit de retrait

MOTS-CLÉS

- CHSCT
- droit d'alerte
- droit de retrait
- inspection du travail
- médecin du travail
- principe de prévention
- risques environnementaux
- risques psychosociaux

7 Le principe de précaution et la sécurité des produits

SITUATION

Michel Billard est un écologiste affirmé. Médecin de formation, il préside et anime une association de lutte contre les risques anticipés, La Vigilance.
Outre ses membres actifs et dirigeants, cette structure compte quelques centaines d'adhérents. Michel Billard a préparé une petite plaquette d'information qu'il soumet aux membres de l'association.

La Vigilance lutte contre les actions ou les mesures potentiellement risquées, tant des entreprises que des pouvoirs publics : expérimentation des plantations de maïs transgénique, installation d'antennes-relais de téléphonie mobile, commercialisation de la cigarette électronique, utilisation massive des pesticides dans le monde agricole, etc.
Sylvaine Ripert, membre de l'association La Vigilance, est avocate. Elle s'occupe de certains dossiers des adhérents de l'association, susceptibles d'être défendus en justice, en particulier lorsque des fabricants ou des revendeurs mettent sur le marché des produits potentiellement dangereux, comme elle vient de le faire en alertant un fabricant de lits pour bébé d'un accident survenu à la suite d'un bris des balustres.

LA VIGILANCE VOUS DÉFEND
LA VIGILANCE VOUS ATTEND

Vous habitez à proximité d'une antenne-relais de téléphonie mobile ?
Qui vous dit que vous ne subissez pas les effets nocifs des ondes émises ?
Êtes-vous certain que l'usage prolongé de votre smartphone n'est pas dangereux pour la santé ?
Seuls les fabricants de ces appareils l'affirment aujourd'hui !

Réfléchissez ! Vous ne pourrez plus dire APRÈS : « Je ne pouvais pas deviner ! »
Si vous pensez que les **citoyens responsables** peuvent influer sur les **décisions de l'État, rejoignez-nous !**

Savez-vous vraiment si votre nourriture est saine ? Pouvez-vous apprécier exactement la nocivité du tabac ou même celle du vapotage ?

Rejoignez-nous si vous estimez que les pouvoirs publics doivent accentuer la lutte contre les **risques inconnus**.
Adhérez à l'association **La Vigilance**.

Vidéo 7.1 « Bébés et ondes électromagnétiques : Babymoov applique le principe de précaution sur ses babyphones »

1. Relevez l'objet de l'association La Vigilance et les domaines dans lesquels elle agit.
2. Selon vous, pourquoi une association comme La Vigilance est-elle utile pour défendre les intérêts des consommateurs ?
3. Les dangers évoqués ici vous paraissent-ils tous certains ? Justifiez votre réponse.

1 Déterminer le dispositif juridique adapté pour lutter contre les risques inconnus

DOCUMENT 1 Contre les risques inconnus : le principe de précaution

Principe de précaution : principe selon lequel l'**absence de certitudes**, compte tenu des connaissances scientifiques et techniques du moment, ne doit pas retarder l'adoption de mesures effectives et proportionnées visant à **prévenir un risque** dans les domaines de l'environnement, de la santé ou de l'alimentation.

www.vie-publique.fr

En réalité, le **principe de précaution** est aussi vieux que le monde. Il est l'expression de la sagesse populaire qui, face à des incertitudes, préfère la prudence à une audace qui pourrait être suicidaire.

www.legiscompare.fr

Principe de prévention et principe de précaution

[...] Les deux principes se complètent et se définissent l'un par rapport à l'autre. [...] La logique préventive suppose la connaissance du risque menaçant tel ou tel élément de l'environnement, ce risque pouvant être qualifié de certain, d'avéré contrairement à celui appréhendé dans le cadre du principe de précaution. [...] Le principe de précaution s'applique lorsque le principe de prévention ne s'applique pas encore ou plus puisque ce principe prend en compte des menaces potentielles, incertaines, hypothétiques, toutes celles à propos desquelles aucune preuve tangible ne permet d'affirmer qu'elles se concrétiseront.

www.lesechos.fr

1. En quoi les principes de prévention et de précaution apparaissent-ils comme complémentaires ?
2. Pourquoi la mise en œuvre du principe de précaution est-elle plus délicate que l'application du principe de prévention ?
3. Relevez les trois domaines dans lesquels le principe de précaution peut trouver à s'appliquer. Donnez des exemples de production potentiellement dangereuse dans ces domaines.

DOCUMENT 2 La reconnaissance du principe de précaution par la loi

Maître Sylvaine Ripert vient de prendre en charge le dossier d'un couple de retraités qui se dit inquiet de l'installation d'un relais de téléphonie mobile proche de sa maison. Elle a contacté la direction régionale de l'opérateur, qui lui a répondu que rien n'interdisait, en France, la pose de ces équipements indispensables à son activité. Elle compte bien lui rappeler que des textes existent…

Extrait de la lettre émise par l'opérateur

[...] Vous comprendrez, Maître, que votre demande ne reposant sur aucun fondement juridique, nous ne saurions accéder à votre demande de déplacement de nos installations. [...]

1. Le principe de précaution en droit européen : article 191 du traité de fonctionnement de l'Union européenne (extrait)

La politique de l'Union dans le domaine de l'environnement vise un niveau de protection élevé [...]. Elle est fondée sur les principes de précaution et d'action préventive.

2. Le principe de précaution en droit français : article 5 de la Charte de l'environnement (texte constitutionnel)

Lorsque la réalisation d'un dommage, bien qu'incertaine en l'état des connaissances scientifiques, pourrait affecter de manière grave et irréversible l'environnement, les autorités publiques veillent, par application du principe de précaution et dans leurs domaines d'attribution, à la mise en œuvre de procédures d'évaluation des risques et à l'adoption de mesures provisoires et proportionnées afin de parer à la réalisation du dommage.

Extrait de la réponse de Maître Ripert au directeur régional de l'opérateur de téléphonie

Vous ne pouvez ignorer, Monsieur le Directeur, la valeur juridique des textes auxquels je vous renvoie. Le traité de l'Union européenne et la Charte de l'environnement, incorporée à notre Constitution depuis 2005, constituent des sources supérieures du droit qui m'autorisent à invoquer le principe de précaution pour mettre éventuellement en jeu votre responsabilité. [...]
Il reviendra au juge de dire si votre antenne peut générer un risque pour les riverains.

4. Dans quelle mesure maître Ripert peut-elle dire que le principe de précaution s'impose aux juges ?

DOCUMENT 3 Un risque plus ou moins facile à appréhender

Les retraités, déçus par la réponse de l'opérateur de téléphonie, demandent à Sylvaine Ripert si une action en justice fondée sur les nuisances des ondes émises par l'antenne aurait des chances d'aboutir. Ils savent que des rapports évoquent un risque pour l'organisme.

Dans une décision du 27 août 2014, le Conseil d'État approuve le tribunal administratif de Paris qui avait rejeté la demande d'un riverain visant à faire condamner Orange et la mairie de Paris ayant autorisé l'installation d'une antenne-relais de téléphonie : « *Il résulte des termes mêmes de la circulaire interministérielle du 16 octobre 2001 relative à l'implantation des antennes-relais de radiotéléphonie mobile qu'elle se borne [...] à mentionner les recommandations d'un rapport d'experts [...] dans le principal objectif d'atténuer certaines appréhensions du public, même regardées comme scientifiquement non fondées.* »

5. Pourquoi l'application du principe de précaution serait-elle la seule chance d'obtenir le déplacement de l'antenne-relais ?
6. Pensez-vous que l'argument des retraités serait susceptible de convaincre les juges ?

DOCUMENT 4 Les domaines d'application du principe de précaution

Michel Billard évoque souvent certaines victoires obtenues par La Vigilance en collaboration avec d'autres associations, comme l'interdiction du bisphénol A dans certains produits pour les enfants, les débats sur les pesticides avec l'organisme syndical agricole Orama, la lutte contre les OGM.

1. L'exemple du bisphénol A

Un exemple concret et actuel d'application du principe de précaution en France est celui du bisphénol A (BPA), suspecté de provoquer des troubles de la reproduction et des effets cancérogènes. Bien que ces effets n'aient pas été démontrés chez l'homme. Aussi, la fabrication et la commercialisation de biberons contenant du BPA font l'objet d'une interdiction en France, effective au 1er janvier 2015.

D'après www.cancer-environnement.fr

3. L'interdiction des OGM dans les cultures françaises

Depuis de nombreuses années, le débat sur les effets nocifs des OGM est alimenté par des controverses sur les modalités et les résultats des études scientifiques. La France a choisi d'interrompre les seules expérimentations de culture jusque-là autorisées ; la **loi n° 2014-567 du 2 juin 2014** précise : « La mise en culture des variétés de maïs génétiquement modifié est interdite. »

2. L'Union européenne interdit trois pesticides pour préserver les abeilles

Quinze pays, dont la France et l'Allemagne, ont voté en faveur de cette interdiction. « L'absence de majorité qualifiée démontre bien les doutes importants qui pèsent », [...] dénonce de son côté Orama, branche spécialisée de la FNSEA, principal syndicat agricole français. La nouvelle interdiction [...], effective en décembre 2013, « aggraverait la situation des producteurs de grandes cultures en France », explique Orama.

www.lexpress.fr, 30 avril 2013.

7. Rattachez chacun des exemples d'application du principe de précaution à l'un des domaines suivants : environnement, sécurité alimentaire et santé publique.
8. Montrez que, dans chacun des cas, les combats menés par La Vigilance, avec d'autres associations et groupes de pression, n'avaient pas de fondements scientifiques irréfutables.
9. Précisez contre qui les décisions ont été prises en application du principe de précaution.
10. En quoi peut-on comprendre que des oppositions à ces décisions puissent s'exprimer ?

2 Mettre en œuvre l'obligation de sécurité dans les ventes de biens et services

DOCUMENT 5 L'obligation légale de sécurité des vendeurs professionnels

Au nom de La Vigilance, Sylvaine Ripert a mis en demeure le fabricant de lits pour bébé de marque Tex Baby. En effet, il a été signalé à l'association le cas d'un enfant qui s'était coupé après que les balustres se sont cassés. Maître Ripert a suivi l'affaire pour vérifier les suites données à cette alerte.

DGCCRF (Direction générale de la consommation, de la concurrence et de la répression des fraudes)

Avis de rappel d'un lit pour bébé de marque TEX – 13/01/2015

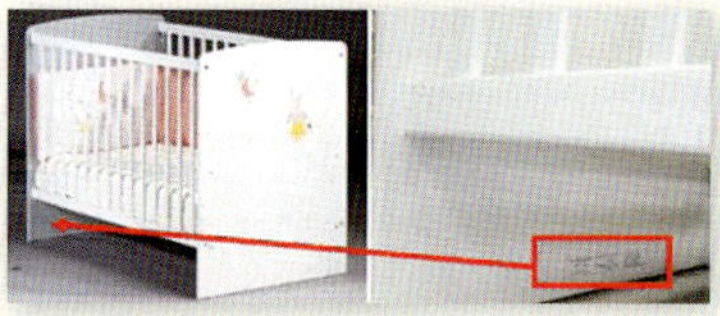

Nom du produit : LIT BÉBÉ – TEX BABY

Marque : TEX (vendu dans les magasins CARREFOUR)

Désignation ou modèle :
– Référence : 13110-13 – Coloris blanc avec stickers lapins anges
– Code-barres : 3610882538972 – N^os de série : 1312027/A et 1312027/B

Anomalie : les balustres peuvent se briser et former des arêtes vives pouvant engendrer des blessures de l'enfant.

Mesure prise par le professionnel qui demande de cesser d'utiliser le produit : **RAPPEL** en vue du retour au point de vente et du remboursement ou de l'échange.

Code de la consommation

Article L. 221-1 – Les produits et les services doivent, dans des conditions normales d'utilisation ou dans d'autres conditions raisonnablement prévisibles par le professionnel, présenter la sécurité à laquelle on peut légitimement s'attendre et ne pas porter atteinte à la santé des personnes. [...]

Article L. 221-1-3 – Lorsqu'un producteur ou un distributeur sait que des produits destinés aux consommateurs qu'il a mis sur le marché ne répondent pas aux exigences de l'article L. 221-1, il en informe immédiatement les autorités administratives compétentes, en indiquant les actions qu'il engage afin de prévenir les risques pour les consommateurs. [...]

11. Quels comportements des enfants peut occasionner le bris des balustres du lit Tex Baby ? Le fabricant pouvait-il anticiper ce risque d'accident ?
12. Quelle mesure a été prise par le fabricant à la suite de l'alerte de maître Ripert ? Était-il tenu d'agir ainsi ? Justifiez.
13. À quelle obligation pensez-vous que soit tenu le fabricant à l'égard de l'enfant qui a été blessé ?

DOCUMENT 6 L'obligation de sécurité en jurisprudence

Un membre de La Vigilance vient de présenter à Sylvaine Ripert un nouvel adhérent qui désire être renseigné sur ses recours possibles contre l'exploitant d'un parc aquatique. Sa fille Nina y a été blessée dans un toboggan de piscine en percutant un autre enfant qui se trouvait dans le bassin d'arrivée.

Dans un premier temps, l'obligation de sécurité [contractuelle] fut limitée aux contrats de transports, afin de dispenser les victimes qui n'étaient pas arrivées à destination « saines et sauves » d'avoir à prouver la faute du transporteur pour obtenir réparation. Puis, peu à peu, elle fut étendue à de nombreux contractants (exploitants de téléskis ou de toboggans aquatiques, centres de loisirs, cliniques et médecins, garagistes...).

Marjorie Brusorio-Aillaud, *Droit des obligations*, , 5e éd. Éditions Larcier Pradigme.

D'après l'arrêt du 3 février 2011 de la 1re chambre civile de la Cour de cassation

La société Le Paradou, exploitant un parc d'attractions, est condamnée par les juges du fond à indemniser la victime d'un accident de toboggan aquatique de l'intégralité du préjudice subi ; elle forme un pourvoi en cassation.

La Cour de cassation rejette le pourvoi en précisant que, « eu égard à l'impossibilité pour les utilisateurs de maîtriser leur trajectoire, l'accident s'étant produit durant la descente en toboggan », il faut retenir l'obligation contractuelle de sécurité de l'exploitant comme source de responsabilité.

14. Pourquoi maître Ripert n'a-t-elle aucun doute sur l'indemnisation de Nina par l'exploitant du toboggan aquatique ?
15. L'origine de la responsabilité de cet exploitant est-elle dans une faute ? Justifiez.
16. En quoi ce régime de responsabilité peut-il améliorer la prévention des risques ?

DOCUMENT 7 Le rôle des pouvoirs publics en cas de danger grave et immédiat

Au sein de l'association La Vigilance, c'est Michel Billard, le président, qui est chargé des relations avec les pouvoirs publics. Il a eu l'occasion, à plusieurs reprises, d'alerter la Commission de sécurité des consommateurs et de voir parfois que son action avait été suivie d'effets. Ainsi, lorsqu'il avait signalé, en 2008, le danger potentiel de certains jouets magnétiques.

CSC COMMISSION DE LA SÉCURITÉ DES CONSOMMATEURS

Toute personne physique ou morale peut signaler un produit dangereux à la Commission de sécurité des consommateurs. Celle-ci enquête, émet des avis, prend des mesures d'urgence et alerte le gouvernement en cas de besoin.

DGCCRF

En cas de danger grave ou immédiat, la DGCCRF peut faire appliquer des mesures prises par le gouvernement, sur la base du Code de la consommation (art. L. 221-5). Il s'agit soit de mesures temporaires, soit de mesures permanentes, telles que des obligations d'information, des injonctions de mise en conformité des produits, des retraits de produits dangereux, des arrêtés de suspension de commercialisation. Ces mesures sont proportionnées au danger.

Arrêté du 10 juillet 2008 portant suspension de la mise sur le marché et ordonnant le retrait des jouets magnétiques ne portant pas un marquage d'avertissement (extrait)

Sont suspendues, pour une durée d'un an, l'importation et la mise sur le marché, à titre gratuit ou onéreux, des jouets magnétiques ne portant pas :

1° Un avertissement libellé comme suit : « Attention ! Ce jouet contient des aimants ou des composants magnétiques. Des aimants collés les uns aux autres ou à un objet métallique à l'intérieur du corps humain peuvent entraîner des lésions graves ou mortelles. En cas d'ingestion ou d'inhalation d'aimants, demandez immédiatement une assistance médicale » ;

2° Ou un avertissement au libellé équivalent, aisément compréhensible [...].

L'avertissement doit être clairement visible et lisible, placé en évidence sur l'emballage ou fixé au jouet magnétique, de manière qu'il soit visible pour le consommateur lors de l'achat.

17. Dans quelle mesure le danger signalé par Michel Billard à la Commission de sécurité des consommateurs était-il grave et immédiat ?
18. Quelle est la finalité de la mesure édictée par l'arrêté du 10 juillet 2008 ?
19. Quelle autre décision le gouvernement peut-il prendre en cas de risque majeur ?

RAISONNER SUR UN CAS

Analyser la pertinence d'une clause insérée dans un contrat au regard de l'anticipation des risques

DOCUMENT 8 Une clause bien utile pour le vendeur

D'après un arrêt de la Cour de cassation du 24 septembre 2013

Après la vente – entre deux professionnels – d'un terrain à usage industriel, l'Institut de radioprotection et de sûreté nucléaire (IRSN) a révélé que ce terrain était faiblement radioactif. Pour éviter de mettre ses salariés en danger, l'acheteur saisit la justice pour faire dire que la vente était nulle.

Les juges du fond rejettent cette demande, ce qu'approuve la Cour de cassation qui précise que l'acquéreur doit assumer la mise en sécurité des lieux, puisque « l'éventualité d'une pollution du terrain avait été prise en compte lors de la promesse de vente ». En effet, une clause avait été incluse, qui prévoyait un audit environnemental ayant pour objet de rechercher « toute pollution », donc également la pollution radioactive.

20. En quoi la clause inscrite au contrat évoqué ci-contre libère-t-elle le vendeur d'une obligation de sécurité ?
21. Un acheteur non professionnel aurait-il apprécié de la même façon la portée de cette clause ? Quelle incidence cela aurait-il eu, selon vous, sur la décision des juges ?

1 Fracturer ou ne pas fracturer ?

COMPÉTENCE :
➡ Déterminer le dispositif juridique adapté pour lutter contre les risques inconnus

Vidéo 7.2 « Le problème du gaz de schiste »

1. En quoi la loi du 13 juillet 2011 est-elle une illustration du principe de précaution ?
2. Pourquoi peut-on hésiter à écarter ce principe ?
3. Dans quelle mesure cet exemple illustre-t-il le débat entre adversaires et partisans du principe de précaution ?

DOCUMENT Loi n° 2011-835 du 13 juillet 2011 (extrait)

Article 1 – En application de la Charte de l'environnement de 2004 et du principe d'action préventive et de correction prévu à l'article L. 110-1 du Code de l'environnement, l'exploration et l'exploitation des mines d'hydrocarbures liquides ou gazeux par des forages suivis de fracturation hydraulique de la roche sont interdites sur le territoire national.

2 L'information précontractuelle dans la vente de certains immeubles

COMPÉTENCE :
➡ Mettre en œuvre l'obligation de sécurité dans les ventes de biens et services

1. Dans quel cas le vendeur ou le loueur d'immeuble doit-il fournir une information précontractuelle de sécurité à son cocontractant ?
2. Quelle est la finalité de cette information ?
3. Comment les pouvoirs publics aident-ils à la qualité de cette information de sécurité ?
4. Dans quelle mesure et sur quels points le cocontractant du vendeur peut-il faire modifier le contrat au regard des risques qui lui sont révélés ?

DOCUMENT 1 Articles du Code de l'environnement (extraits)

Article L. 125-5 (modifié par la loi n° 2014-366 du 24 mars 2014, art. 1)
Les acquéreurs ou locataires de biens immobiliers situés dans des zones couvertes par un plan de prévention des risques technologiques ou par un plan de prévention des risques naturels prévisibles, prescrit ou approuvé, ou dans des zones de sismicité définies par décret en Conseil d'État, sont informés par le vendeur ou le bailleur de l'existence des risques visés par ce plan ou ce décret.

À cet effet, un état des risques naturels et technologiques est établi à partir des informations mises à disposition par le préfet. […]

Article R. 125-26

[…] L'état des risques est établi par le vendeur ou le bailleur conformément à un modèle défini par arrêté du ministre chargé de la prévention des risques. […]

DOCUMENT 2 La portée de l'information précontractuelle

Extrait du modèle d'état des risques défini par le ministre chargé de la prévention des risques

Exemples d'informations communiquées pour les immeubles (bâtis ou non bâtis) sur l'état des risques naturels, miniers et technologiques en application des articles L. 125-5 et R. 125-26 du Code de l'environnement

Risques naturels liés à : inondation – crue torrentielle – mouvements de terrain – avalanches – sécheresse – cyclone – remontée de nappe – feux de forêt – séisme – volcan – autres.

Pour respecter l'obligation légale applicable au 1er mars 2015, Jules Pivoine a installé, dans sa résidence principale et sa maison de campagne, une série de détecteurs de fumée de marque Bricoroi, modèle PRAC 122.

Vous traiterez ces deux dossiers à partir de l'annexe et de vos connaissances.

DOSSIER 1

En lisant un essai comparatif de la revue *60 millions de consommateurs*, Jules Pivoine apprend que le modèle qu'il a acheté est considéré comme « peu fiable ». En commentaire, le journaliste précise que quelques consommateurs ont fait état d'un incendie causé par ce type de détecteur ; cependant, il précise que le laboratoire d'essai de *60 millions de consommateurs* n'a pas su identifier la cause possible de cet accident, pourtant avéré par des expertises demandées par les victimes.

1. **Quel comportement peut-on attendre du fabricant du détecteur de fumée PRAC 122 ? Quel principe juridique doit guider ses décisions ?**

2. **Quelle mesure pourrait être imposée à ce fabricant par les pouvoirs publics ? Précisez comment la procédure se déroulerait et quelles instances interviendraient.**

3. **De quel recours disposerait Jules Pivoine si un des détecteurs installés causait un incendie ? Quel serait le fondement juridique de son action ?**

DOSSIER 2

Alors qu'il arrive, en début de week-end, à sa maison de campagne, Jules Pivoine constate que les services de gendarmerie sont sur place, un camion s'étant renversé peu avant en bordure de son jardin. Le véhicule transportait des produits chimiques faiblement toxiques, qui se sont répandus sur le sol, à bonne distance d'un étang de rétention d'eau servant à l'arrosage. Jules se demande si des infiltrations ne vont pas, à terme, polluer sa réserve d'eau. Un expert lui a indiqué qu'aucune certitude n'existe quant aux effets néfastes de ces produits en milieu aquatique. Pourtant, le préfet lui a signifié une interdiction d'utiliser l'eau de sa réserve, jusqu'à plus de certitude.

4. **Qualifiez le principe juridique qui permet de mettre en cause le transporteur pour les dégâts à venir sur la flore du terrain de Jules Pivoine.**

5. **Pourquoi le préfet a-t-il décidé d'interdire l'utilisation de l'eau alors que le risque de pollution de l'eau n'est pas avéré ?**

ANNEXE

Article L. 221-5 du Code de la consommation (extrait)

En cas de danger grave ou immédiat, le ministre chargé de la consommation et le ou les ministres intéressés peuvent suspendre par arrêté conjoint, pour une durée n'excédant pas un an, la fabrication, l'importation, l'exportation, la mise sur le marché à titre gratuit ou onéreux d'un produit et faire procéder à son retrait en tous lieux où il se trouve ou à sa destruction lorsque celle-ci constitue le seul moyen de faire cesser le danger. Ils ont également la possibilité d'ordonner la diffusion de mises en garde ou de précautions d'emploi ainsi que le rappel en vue d'un échange ou d'une modification ou d'un remboursement total ou partiel.
Ils peuvent, dans les mêmes conditions, suspendre la prestation d'un service.
Ces produits et ces services peuvent être remis sur le marché lorsqu'ils ont été reconnus conformes à la réglementation en vigueur. [...]

SYNTHÈSE

- **Le principe de précaution**
  - Il concerne la lutte contre les risques inconnus.
    - Face à des menaces incertaines, en l'absence de certitudes scientifiques
  - Ses domaines d'application
    - L'environnement
    - La santé publique
    - La sécurité alimentaire
  - Les textes juridiques
    - Principe prévu par le traité de fonctionnement de l'UE
    - Principe inscrit dans nos textes constitutionnels

- **L'obligation de sécurité dans la vente de biens et services**
  - Obligation incombant aux professionnels
    - Selon le Code de la consommation
    - Généralisation par la jurisprudence
  - La sécurité favorisée par les pouvoirs publics
    - Diverses mesures possibles en cas de risque (retrait du marché, suspension de vente, etc.) mises en œuvre par la DGCCRF
    - Divers organismes dédiés à l'anticipation des risques : CSC, DGCCRF, etc.

MOTS-CLÉS

- obligation légale de sécurité
- principe de précaution

8 Le dommage et sa réparation

SITUATION

Diane Aretusa est directrice de la station d'épuration des eaux usées Téthys. Celle-ci a conclu un contrat avec le conseil municipal de la ville côtière de Nicafranche pour le traitement des eaux, qui proviennent de toutes les installations privées et publiques de cette grande ville. Il s'agit de rejeter ces eaux à la mer, une fois qu'elles ont été assainies.

25 août 2015, 8 h : Diane entre dans la salle de tests et découvre que les poissons qui permettent de vérifier la qualité de l'eau rejetée sont morts. Son téléphone portable sonne, une agitation brutale s'empare de la station : une explosion vient de se produire dans la salle des machines, les pompes qui doivent acheminer l'eau vers les bacs de traitement sont inefficaces et c'est une eau souillée qui se répand directement dans la mer.

Par ailleurs, lors de l'accident, un salarié a été très grièvement brûlé et les dégâts sur les équipements de la salle où l'explosion s'est produite sont impressionnants.

Diane imagine sans peine les conséquences de cet accident : outre les souffrances et blessures du salarié, la pollution des plages, les crustacés et poissons morts rejetés sur le rivage, les dermites causées aux baigneurs et, sur un autre plan, la dégradation de l'image des plages de la ville, avec les conséquences possibles sur le tourisme.

Vidéo 8.1 « **Déraillement d'un train à Brétigny : l'un des pires accidents ferroviaires en France** »

1. Quelles sont les personnes, physiques et morales, impactées par l'accident de la station Téthys ?
2. Identifiez divers dommages consécutifs à cet événement.
3. Parmi ces dommages, lesquels vous apparaissent plus difficiles à évaluer ?

1 Analyser une situation de dommage

A Les différents dommages

DOCUMENT 1 Les dommages patrimoniaux : dommage corporel et dommage matériel

Les craintes de Diane se sont vite révélées fondées. Des enchaînements néfastes se sont produits : les pêcheurs n'ont pas tardé à signaler l'arrêt de leur activité, imposé par un arrêté municipal ; de son côté, la mairie de Nicafranche a fait savoir qu'elle étudiait la possibilité de recours judiciaire contre Téthys.
Par ailleurs, l'avocat représentant le salarié blessé a annoncé préparer ses réclamations : les blessures de la victime sont très graves, le traitement – incertain dans son état – sera long et douloureux, avec des risques de séquelles, la reprise du travail n'est pas envisageable avant longtemps.

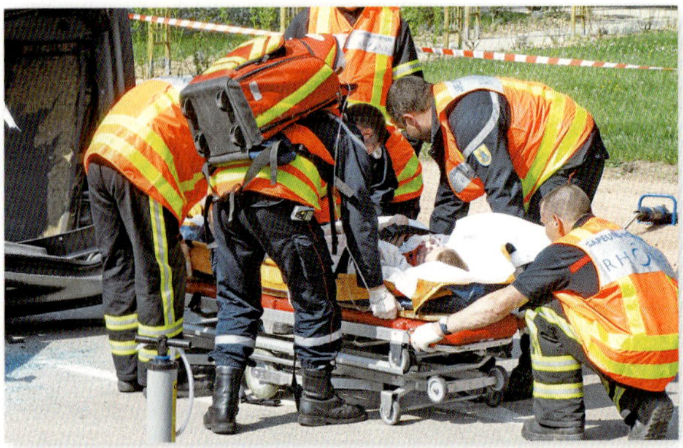

Dommage corporel	Dommage matériel
Le dommage corporel est d'abord et avant tout l'atteinte portée à l'intégrité physique de la personne : les blessures plus ou moins graves et à plus forte raison la mort. [...] Relèvent aussi de la catégorie des dommages corporels, indemnisés au titre du *pretium doloris* [le « prix de la douleur »], les souffrances physiques, passées ou futures subies par la victime. Il faut en dire autant du préjudice esthétique [...].	Les dommages matériels consistent notamment dans la destruction d'un bien ou dans des détériorations. L'atteinte au patrimoine peut aussi se caractériser par un dommage économique – fréquent dans les rapports d'affaires, par exemple en cas de perte d'un marché. [...] Il se peut aussi qu'une personne, atteinte dans son intégrité personnelle, cesse de pouvoir gagner sa vie.

F. Terré, Ph. Simler, Y. Lequette, *Droit civil. Les obligations*, Précis Dalloz.

1. Quels dommages corporels sont consécutifs à l'explosion chez Téthys ?
2. Identifiez les différents dommages matériels résultant de cette explosion.

DOCUMENT 2 Le dommage moral, dommage extrapatrimonial

L'avocat du salarié a prévenu Diane : le pronostic médical pourrait devenir plus pessimiste encore si le traitement des brûlures du patient nécessitait une intervention chirurgicale. En cas de décès de la victime, il représenterait les intérêts de sa compagne.

Pour ce qui est de la mairie, après avoir pris des mesures d'urgence, elle a indiqué à Diane qu'elle ne resterait pas sans réaction s'il s'avérait que l'image des plages de la commune était dégradée.

On peut relever la reconnaissance par le droit de différents types de dommage moral :
– le **dommage d'agrément**, subi personnellement par la victime. À l'origine, il s'agissait pour la jurisprudence d'indemniser certaines conséquences précises d'un dommage corporel : l'impossibilité de continuer la pratique d'un sport ou d'une activité de loisir, par exemple. Aujourd'hui, ce dommage s'entend de la privation des agréments d'une vie normale ;
– le dommage moral, constitué par les diverses **atteintes à l'honneur, à l'image, à la vie privée** ;
– le **dommage moral par ricochet**, constitué par l'atteinte au sentiment d'affection, du fait du décès d'un être cher, époux, enfant, parent, etc.

3. En quoi le salarié blessé subit-il un dommage moral ?
4. Quels autres dommages moraux peuvent – ou pourraient – être reliés à l'accident chez Téthys ?
5. Donnez un exemple de cas où le dommage moral est indissociable du dommage patrimonial.
6. Pourquoi les dommages moraux sont-ils plus difficiles à évaluer que les dommages corporels ou matériels ?

DOCUMENT 3 Un dommage particulier : le dommage écologique

Le dommage subi par les eaux maritimes de Nicafranche préoccupe Diane. Les ingénieurs de Téthys lui ont confirmé que l'explosion a endommagé les pompes du système de filtrage et que les eaux usées stockées dans trois grands bacs de décantation ont été directement rejetées dans la mer avant que l'on puisse fermer les vannes de sécurité. La faune marine en a certainement souffert et la baignade risque d'être interdite un certain temps.

La prise en compte des dommages écologiques par le droit s'est développée depuis le naufrage du pétrolier *Erika*, qui a entraîné une pollution importante des rivages bretons. Le **Code de l'environnement** (art. L. 142-4) reconnaît ce préjudice depuis 2008 et admet que les collectivités territoriales puissent être indemnisées **lorsqu'une entreprise n'a pas respecté un texte particulier** et mis en danger les ressources naturelles. Cependant, cette réparation n'est pas facile à mettre en œuvre ; aussi, l'idée d'une nouvelle loi a-t-elle émergé en 2013 (non adoptée à ce jour), visant à intégrer le principe d'une responsabilité écologique dans le Code civil.

Projet d'articles du Code civil

Art. 1386-19 – Toute personne qui cause un dommage à l'environnement est tenue de le réparer.

Art. 1386-20 – La réparation du dommage à l'environnement s'effectue prioritairement en nature.

Lorsque la réparation en nature du dommage n'est pas possible, la réparation se traduit par une compensation financière versée à l'État ou à un organisme désigné par lui et affectée, dans les conditions prévues par un décret en Conseil d'État, à la protection de l'environnement.

Le dommage écologique dans le Code civil : une « petite révolution juridique »

Dans un *chat* sur LeMonde.fr, Laurent Neyret, juriste en droit de l'environnement, commente la portée des dix propositions remises à la ministre de la Justice, Christiane Taubira, mardi 17 septembre 2013, par le groupe de travail sur le préjudice écologique. Si ces propositions étaient adoptées, le Code civil ne protégerait plus uniquement les personnes et le patrimoine, mais sanctionnerait aussi les atteintes à l'environnement. [...]

Laurent Neyret : « À ce jour, le Code civil ne protège que la personne et le patrimoine. Il est vrai que l'environnement était en dehors du Code civil. L'adoption des propositions du rapport [remis à la ministre de la Justice] serait une petite révolution juridique, puisque l'environnement entrerait dans la Constitution civile [c'est-à-dire le Code civil] des Français, aux côtés des personnes et du patrimoine. La force symbolique serait alors considérable. »

Marie-Béatrice Baudet, LeMonde.fr, 19 septembre 2013.

7. Pensez-vous qu'au regard du droit actuel, Téthys puisse être considérée comme responsable des dégâts écologiques liés à l'accident de la station d'épuration ?
8. Qui serait en droit de demander réparation de ce préjudice écologique ?
9. Quels sont les aspects innovants des articles 1386-19 et 1386-20 futurs du Code civil par rapport aux règles du Code de l'environnement ?
10. En quoi l'apparition du préjudice écologique est-elle une illustration du caractère évolutif de la notion de dommage ?

B La réparation du dommage

DOCUMENT 4 Les caractères du dommage réparable

Après le moment d'émotion qui a immédiatement suivi l'explosion dans la station d'épuration, Diane Aretusa convoque son chef du service juridique. Elle veut identifier de façon précise tous les dommages subis par les victimes concernées par cet accident. Toutes les réclamations ne seront peut-être pas à prendre en compte ; par exemple, la compagne du salarié n'est ni mariée ni pacsée avec lui ; ou encore, la lettre reçue d'un marin local fait état de ses craintes de ne pas pouvoir faire face aux échéances du crédit de son bateau en cas de prolongation de l'interdiction de pêcher à Nicafranche.

Pour être réparable, un dommage doit présenter plusieurs caractères. Il doit être :

1. LÉGITIME :	2. PERSONNEL :	3. DIRECT :	4. CERTAIN :
le dommage subi par les victimes doit résulter de l'atteinte à un intérêt protégé par le droit.	seule la personne subissant le dommage – ou ses héritiers – peut demander réparation.	le dommage doit être la conséquence du fait qui pose problème.	il ne doit pas y avoir de doute sur la réalité du dommage invoqué, qu'il soit actuel ou futur.

Le dommage subi du fait du décès d'un concubin
Le sens de l'important arrêt de la Cour de cassation du 27 février 1970 est clair : la réparation du préjudice par ricochet ne suppose pas la preuve d'un lien de droit [mariage ou PACS] entre les victimes [...]. La concubine, bien qu'elle ne soit liée par aucun lien juridique à l'égard de la victime directe, peut obtenir réparation du préjudice subi. [...] L'exigence d'un intérêt légitime juridiquement protégé prend ainsi un sens nouveau. Il signifie désormais que le demandeur doit seulement faire la preuve d'un préjudice personnel, certain et direct, sans devoir être lié à la victime immédiate.

Droit de la responsabilité, collection « Lamy, Droit civil ».

11. Pourquoi Diane pense-t-elle pouvoir contester le caractère légitime du dommage éventuel subi par la concubine du salarié brûlé lors de l'accident ? Pourquoi, selon vous, la notion d'« intérêt protégé par le droit » a-t-elle évolué avec le temps ?

12. Caractérisez le dommage présenté par le marin. Pensez-vous qu'il puisse être contesté par la direction de Téthys ? Justifiez.

13. Votre réponse serait-elle la même si ce marin envisageait de demander réparation pour le préjudice moral lié à la dépression nerveuse de sa femme consécutive au risque de liquidation judiciaire de son entreprise ?

DOCUMENT 5 Les conditions de la réparation du dommage

Faits générateurs		Dommages
1. Explosion de la machine 2. Déversement d'eaux souillées dans la mer	Lien de causalité →	1. Blessures du salarié 2. Pollution des plages, dégradation de l'image de la commune, etc.

Le lien de causalité
Il s'agit du rapport de cause à effet entre le fait générateur et le dommage qui en résulte. Ce lien est apprécié par les juges. Le lien de causalité peut disparaître dans une situation particulière : si une « **cause étrangère** » est à l'origine du dommage. Cette cause étrangère peut être constituée par la **force majeure** (un événement extérieur à la personne mise en cause, imprévisible et insurmontable), le **fait de la victime ou d'un tiers** ayant les caractères de la force majeure.

14. Diane pense que l'explosion de la machine est survenue à cause d'une erreur d'un salarié. Pensez-vous que cela permettrait de mettre en doute le lien de causalité face aux réclamations ?

DOCUMENT 6 L'évaluation du dommage et les modes de réparation

Diane sait que l'identification des dommages ne suffit pas à apprécier les conséquences pécuniaires de l'accident survenu.

Le principe de la réparation intégrale du dommage

La règle appliquée en matière de responsabilité est celle de la réparation du dommage, de tout le dommage mais seulement du dommage établi. Il appartient aux juges d'appliquer ce principe, en choisissant le mode de réparation le mieux adapté à la situation.

Les deux modes de réparation	
La réparation en nature	**La réparation par équivalent**
Elle tend à remettre les choses en l'état où elles se trouvaient avant que survienne le dommage. Rétablir la situation antérieure semble être la meilleure façon de réparer le dommage, mais cette solution n'est pas souvent possible.	Elle prend la forme d'une obligation imposée à la personne responsable de verser des dommages et intérêts à la victime : cette somme d'argent, dont le montant est déterminé par le juge, a un caractère compensatoire du dommage subi.

15. Distinguez les modes de réparation des différents dommages nés de l'accident chez Téthys.
16. Pourquoi, d'une manière générale, la réparation en nature n'est-elle pas souvent envisageable ?

RAISONNER SUR UN CAS Analyser une situation de dommage

Alexis est étudiant en mathématiques. Son professeur tuteur l'alerte quant à ses chances de réussite, au vu des mauvais résultats qu'il a obtenus tout au long de l'année. Le 12 mai, alors qu'Alexis se rend à une épreuve d'examen, une voiture passant au feu rouge heurte son scooter et le renverse. Il lui en coûte deux jours d'hôpital. Cet accident l'a empêché de se présenter à l'épreuve et il n'y a pas de session de rattrapage. Le jeune homme demande à un avocat s'il peut obtenir, outre la réparation des dommages corporels et matériels, la reconnaissance d'un dommage spécifiquement lié à l'impossibilité où il s'est trouvé de tenter sa chance à l'examen.

17. Quelle est la qualification juridique du dommage particulier subi par Alexis qui n'a pas pu se présenter à son examen ?
18. Dans quel cas ce dommage est-il réparable ?
19. Pensez-vous qu'Alexis obtiendra satisfaction ? Justifiez.

DOCUMENT 7 Les conditions de la réparation d'une perte de chance

L'appréciation de la perte de chance dépend des faits et donc du « pouvoir souverain » des juges du fond. Cependant, son indemnisation n'échappe pas aux règles de droit : la Cour de cassation l'a rappelé dans deux arrêts du 30 avril 2014 (n°s 13-16380 et 12-22567) [...].
Concernant le préjudice de « perte de chance », les débats portent essentiellement sur le lien de causalité entre la faute et le préjudice. Il ressort de la jurisprudence que la perte de chance n'est indemnisable que si elle est « réelle et sérieuse ». [...]

Il nous apparaît que la chance (perdue) doit avoir pu être attendue, espérée, de manière « raisonnable », au regard des circonstances de fait. Cette notion conforte le rejet de la perte de chance hypothétique [...] : il appartient bien au demandeur de prouver qu'il pouvait espérer « raisonnablement » avoir eu, au départ, c'est-à-dire si la faute n'avait pas été commise, une chance de succès, de réussite, de guérison, d'amélioration de son état de santé...

www.macsf.fr

2 Identifier la nature juridique de la responsabilité

DOCUMENT 8 Les deux types de responsabilité civile

Les différents dommages sont maintenant répertoriés. La direction de Téthys doit, avec l'aide de son assureur et de son avocat, envisager les différentes hypothèses de responsabilité : il faut penser au salarié blessé, à la commune atteinte dans son image, aux pêcheurs provisoirement sans travail.

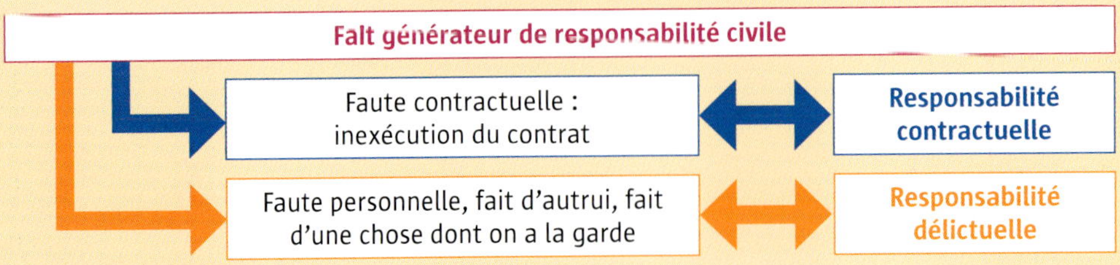

20. Distinguez les situations de responsabilité contractuelle et celles de responsabilité délictuelle liées à l'accident survenu chez Téthys.

A La responsabilité contractuelle

DOCUMENT 9 L'origine de la responsabilité contractuelle

Diane Aretusa s'attend à ce que plusieurs cocontractants mettent en jeu la responsabilité contractuelle de Téthys : la commune de Nicafranche et le salarié blessé ont tout lieu d'estimer que le contrat qui les intéresse n'a pas été correctement exécuté.

La faute contractuelle consiste en l'inexécution de ses obligations par l'une des parties au contrat. Cette inexécution peut prendre trois formes :
– l'**inexécution totale** (ex. : le vendeur ne livre pas le bien) ;
– l'**inexécution partielle** ou l'**exécution défectueuse** (ex. : le transporteur ne livre qu'une partie du colis confié ou certains colis sont abîmés) ;
– le **retard dans l'exécution** (ex. : l'emprunteur ne respecte pas les dates d'échéance).

21. Pensez-vous que l'on puisse dire que le contrat d'épuration de l'eau et le contrat de travail ont fait l'objet d'inexécution totale ou de retard ? Quel reproche peut-on faire à Téthys dans ces deux cas ?

DOCUMENT 10 Les différentes obligations et la preuve de la faute contractuelle

La preuve de la faute contractuelle varie en fonction de ce que le débiteur a promis.

Une obligation est dite « de résultat » si le débiteur s'est engagé à fournir un résultat précis. La faute du débiteur consiste à ne pas avoir exécuté ce à quoi il s'était engagé. Cette **faute est présumée** dès qu'il y a inexécution du contrat.	**Une obligation est dite « de moyens »** lorsque le débiteur s'engage à utiliser tous les moyens possibles en vue d'atteindre un résultat déterminé, sans promettre qu'il y parviendra. En cas d'inexécution de l'obligation de moyens, le créancier doit **prouver la faute** qui en est à l'origine.

22. Pensez-vous que la commune de Nicafranche devra prouver la faute de Téthys pour faire reconnaître sa responsabilité dans la défaillance de sa mission d'épuration de l'eau ? Justifiez.

DOCUMENT 11 L'obligation de résultat de sécurité

Si Diane admet que Téthys peut se voir reprocher par la commune de Nicafranche d'avoir commis une faute, elle a plus de mal à comprendre pourquoi la responsabilité de l'entreprise serait mise en jeu à l'égard du salarié brûlé alors qu'aucune défaillance des systèmes de sécurité n'a été relevée jusqu'ici.

L'OBLIGATION CONTRACTUELLE DE SÉCURITÉ

Elle est certainement la meilleure illustration des conséquences que la jurisprudence ajoute à certains contrats sans que les parties les aient prévues. Découverte dans le contrat de transport, elle a été étendue à de nombreux autres contrats. [...] Le transporteur garantit la sécurité du voyageur. Pour mettre en œuvre la responsabilité du transporteur, le voyageur n'a pas à prouver une faute que celui-ci aurait commise ; il lui suffit d'établir l'inexécution de l'obligation de sécurité.

F. Terré, Ph. Simler, Y. Lequette, *Droit civil. Les obligations*, Précis Dalloz.

L'OBLIGATION DE RÉSULTAT DE SÉCURITÉ EN DROIT DU TRAVAIL

Lorsque se développèrent, au XIXe siècle, le nombre et l'importance des accidents du travail entraînés par le machinisme, le besoin d'améliorer la situation des victimes souvent anonymes avait suscité des efforts divers, notamment sur le terrain de la preuve. [...] Pendant très longtemps, la jurisprudence n'a pas admis que le contrat de travail comporte à la charge de l'employeur l'obligation contractuelle de restituer l'ouvrier sain et sauf après son travail. C'est seulement à une époque récente qu'elle a [...] reconnu [cette règle].

F. Terré, Ph. Simler, Y. Lequette, *Droit civil. Les obligations*, Précis Dalloz.

En énonçant, dans ses arrêts du 28 février 2002, qu'« en vertu du contrat de travail le liant à son salarié, l'employeur est tenu envers celui-ci d'une **obligation de sécurité de résultat**, notamment en ce qui concerne les maladies professionnelles [...] », puis en reprenant la même formule pour les accidents du travail dans l'arrêt du 11 avril 2002, la chambre sociale [de la Cour de cassation] a affirmé le fondement contractuel, et non seulement légal, de cette obligation.

courdecassation.fr

23. Diane peut-elle échapper à sa responsabilité d'employeur à l'égard du salarié blessé en mettant en avant l'absence de faute dans l'entretien du matériel et dans l'organisation du travail ? Justifiez.

24. Que doit garantir le transporteur à ses passagers ?

RAISONNER SUR UN CAS Analyser un cas de responsabilité contractuelle

Les premiers éléments de l'enquête sur l'origine de l'accident chez Téthys font apparaître que le salarié blessé se trouvait dans une zone potentiellement dangereuse et qu'il ne portait pas de vêtements de sécurité, malgré les consignes du règlement intérieur de l'entreprise.

25. Pensez-vous que les circonstances de l'accident et le comportement du salarié puissent influer sur l'application des règles de la responsabilité de Téthys ?

26. En quoi et pourquoi la définition de la faute inexcusable du salarié est-elle restrictive ?

DOCUMENT 12 Les limites de l'obligation de sécurité

En cas d'accident du travail, la jurisprudence reconnaît que la responsabilité de l'employeur, au titre de son obligation de sécurité de résultat, n'est pas systématiquement engagée. [...]
La faute inexcusable du salarié lui-même peut atténuer la responsabilité de l'entreprise. Elle est définie comme « la faute volontaire du salarié d'une exceptionnelle gravité exposant sans raison valable son auteur à un danger dont il aurait dû avoir conscience » (Cass. 2e civ., 27 janv. 2004, n° 02-30.693). C'est par exemple le cas lorsque le salarié va volontairement à l'encontre des règles de sécurité imposées par l'employeur.

www.legavox.fr

B La responsabilité délictuelle

DOCUMENT 13 Les différents cas de responsabilité délictuelle dans le Code civil

Dans le Code civil, la responsabilité civile délictuelle était initialement fondée sur la faute (article 1382, article 1383...), le but étant d'imposer au fautif de réparer le dommage qu'il a causé. [...]
L'évolution de la responsabilité civile, notamment avec le machinisme et l'industrialisation, a abouti à l'introduction en 1898 de la responsabilité du fait des choses, puis à une responsabilité générale du fait d'autrui [...], ces deux nouveaux cas de responsabilité ayant été « découverts » par la jurisprudence dans l'alinéa 1 de l'article 1384 du Code civil.

http://fr.jurispedia.org, du Réseau francophone de diffusion du Droit.

La faute personnelle
Acte de malveillance, imprudence, etc.

→ **Article 1382** – Tout fait quelconque de l'homme, qui cause à autrui un dommage, oblige celui par la faute duquel il est arrivé à le réparer.
Article 1383 – Chacun est responsable du dommage qu'il a causé [...] par sa négligence ou par son imprudence.

Le fait d'une chose
Un objet, un véhicule, un animal, etc.

→ **Article 1384, al. 1** – On est responsable non seulement du dommage que l'on cause par son propre fait, mais encore de celui qui est causé par le fait [...] des choses que l'on a sous sa garde.

Le fait d'autrui
Fait d'un enfant mineur, d'un salarié, etc.

→ **Article 1384, al. 1 et 5** – On est responsable [...] du dommage [...] causé par le fait des personnes dont on doit répondre [...].
Les maîtres et les commettants [sont responsables] du dommage causé par leurs domestiques et préposés dans les fonctions auxquelles ils les ont employés [...].

27. Sur quel fondement les pêcheurs de Nicafranche pourraient-ils, selon vous, invoquer la responsabilité de Téthys dans la gêne professionnelle qu'ils subissent ?
28. À quel article du Code civil rattachez-vous la responsabilité pour dommage écologique que la commune de Nicafranche pourrait invoquer ?
29. Quels sont les cas de responsabilité sans faute dans le Code civil ? Quel est le principal objectif de l'extension de responsabilité vue dans cette évolution ?

DOCUMENT 14 La faute du salarié et le principe de la responsabilité de l'employeur

L'enquête diligentée chez Téthys prouve que l'explosion à l'origine du dysfonctionnement des pompes est due à une surchauffe liée à une fermeture défectueuse des vannes commandant le vidage des piscines de stockage des eaux usées. Elle établit aussi qu'à l'origine de cette fermeture défectueuse, il y a la négligence d'un salarié, Luc Dupont, qui n'a pas respecté le protocole de sécurité.

Selon l'article 1384, alinéa 5, du Code civil, les commettants [le plus souvent des employeurs] sont responsables du dommage causé par leurs préposés [salariés en général] dans les fonctions auxquelles ils les ont employés.

30. Les résultats de l'enquête mettant en cause Luc Dupont vous semblent-ils devoir rassurer Diane pour ce qui concerne sa responsabilité ?
31. En quoi les victimes doivent-elles se féliciter de la règle de l'article 1384, alinéa 5 du Code civil ?

DOCUMENT 15 Les conditions de la responsabilité de l'employeur

1. L'existence d'un lien de subordination
Il faut un lien de subordination entre le préposé auteur du dommage et le commettant. Dans la pratique, les hypothèses où cette responsabilité est mise en œuvre se trouvent le plus souvent dans le contrat de travail, le langage moderne assimilant le commettant à l'employeur. La subordination est clairement établie, le salarié étant soumis aux ordres, au contrôle de son activité et aux sanctions en cas de manquements à ses obligations. [...]

2. La responsabilité préalable du préposé (salarié)
Pour que le commettant soit responsable, il faut d'abord pouvoir rattacher un fait générateur au préposé. Le plus souvent, il a commis une faute personnelle. Parfois, il s'agit d'un autre fait, comme le fait d'une chose dont le salarié a la garde (par exemple, un véhicule automobile).

3. La réalisation du fait dommageable dans l'exercice des fonctions du préposé
Le dommage doit avoir été commis par le préposé dans l'exercice de ses fonctions ou au moins à l'occasion de ses activités professionnelles, que la faute soit involontaire ou volontaire. Les déplacements professionnels sont également des circonstances retenues pour la mise en œuvre de cette responsabilité.

Introduction au droit, DCG, Nathan.

32. Selon vous, Luc Dupont, le salarié à l'origine de l'explosion chez Téthys, engage-t-il la responsabilité de son employeur ? Justifiez au regard des trois conditions juridiques.
33. La responsabilité civile personnelle du salarié n'étant pas engagée si celle de son employeur est retenue, qu'est-ce qui justifie cette règle, selon vous ?

RAISONNER SUR UN CAS Analyser un cas de responsabilité délictuelle

Le client d'une discothèque exploitée par la société 8x10 a été victime de violences lors de son expulsion de l'établissement par trois videurs employés de cette société. Les salariés sont condamnés au plan pénal.

34. Pourquoi, selon vous, l'employeur pense-t-il pouvoir échapper à l'application de l'article 1384, alinéa 5 du Code civil ?
35. Relevez la réponse apportée à cette affaire par la cour d'appel.
36. Indiquez le sens de l'arrêt de la Cour de cassation et la règle de droit énoncée.

DOCUMENT 16 Les limites de la responsabilité de l'employeur

D'après un arrêt de la Cour de cassation, 2e chambre civile, 12 mai 2011 (extrait)
Après la condamnation pénale de ses salariés qui s'étaient rendus coupables de violences sur un client, l'employeur conteste son obligation d'indemniser les victimes sur la base de l'article 1384, alinéa 5 du Code civil.
La cour d'appel lui donne raison, en précisant « qu'une faute constitutive d'une infraction pénale volontaire ne peut entrer dans le cadre de l'obligation qui revient à l'employeur d'assumer les conséquences civiles des fautes commises par ses employés ou salariés ».
La Cour de cassation censure cette décision en précisant :
« Attendu que le commettant ne s'exonère de sa responsabilité de plein droit que si son préposé a agi hors des fonctions auxquelles il était employé, sans autorisation et à des fins étrangères à ses attributions ».

1 La faute du vent et/ou de l'inclinaison des pins ?

COMPÉTENCES :
- Analyser une situation de dommage
- Identifier la nature juridique de la responsabilité dans une situation donnée

Étudiez le cas de jurisprudence rapporté ci-dessous pour répondre aux questions suivantes.

1. En précisant les faits à l'origine de ce litige, vous indiquerez quel est le dommage au cœur de cette affaire, quelle est la responsabilité invoquée, qui est la victime et qui est mis en cause par elle.
2. Par quel moyen de droit Mme X..., demanderesse au pourvoi, prétend-elle échapper à toute responsabilité ?
3. Quel est le sens de l'arrêt de la Cour de cassation ? Quels enseignements généraux peut-on en tirer en ce qui concerne l'appréciation du lien de causalité en matière de responsabilité ?

DOCUMENT **Cour de cassation – 3e chambre civile – Arrêt du 10 décembre 2014 (extraits)**

Attendu […] que le 24 janvier 2009, au cours d'une tempête, des arbres et des branches provenant du fonds de Mme X... se sont abattus sur la propriété de la société civile immobilière Courbet (la SCI) ; que celle-ci a assigné Mme X... en réparation des dommages causés à son fonds ;
Attendu que Mme X... fait grief à l'arrêt de la condamner à payer certaines sommes à la SCI Courbet, à mettre les plantations en conformité avec les dispositions de l'article 671 du Code civil et à couper les branches surplombant son fonds,
Alors, selon le moyen : […]
Que la force majeure est exonératoire de responsabilité ; qu'après avoir constaté que la tempête Klaus, classée en catastrophes naturelles, était « à l'origine directe et matérielle de la chute des arbres sur le fonds de l'intimée la SCI Courbet », la cour d'appel a retenu que cette tempête, « quelle que soit sa force » ne constituait pas un événement de force majeure ; qu'en statuant de la sorte, quand ce phénomène climatique était extérieur, imprévisible au regard des conditions climatiques locales – et n'ayant pas été prévu par Météo France – et irrésistible dans son ampleur et sa violence, la cour d'appel a violé l'article 1384 du Code civil, ensemble l'article 544 du même code ; […]
Mais attendu qu'ayant relevé qu'un procès-verbal dressé le 3 février 2006 par un huissier de justice établissait la présence, sur le fonds de Mme X..., de grands pins maritimes penchant dangereusement vers la propriété de la SCI, que par réclamation amiable du 19 août 2005 et sommation du 16 mars 2006, celle-ci avait sollicité la coupe des arbres les plus proches de ses bâtiments et que, selon un constat établi le 26 février 2009, tous ces pins avaient été jetés à terre par la tempête du 23 janvier 2009, endommageant les bâtiments de la SCI, la cour d'appel […] a pu retenir que la tempête, à l'origine directe et matérielle de la chute des arbres, ne présentait pas les caractères de la force majeure […].

2 Les suites d'un accident dramatique

COMPÉTENCES :
- Analyser une situation de dommage
- Identifier la nature juridique de la responsabilité dans une situation donnée

Vidéo 8.2 « Accident de Saint-Nazaire : 13 morts et 9 blessés »

1. Quelles sont les victimes directes et par ricochet et quels sont les dommages consécutifs à l'accident de Saint-Nazaire ? Comment ces dommages peuvent-ils être réparés ?
2. Les dommages présentent-ils les caractères de dommages réparables ? Justifiez.
3. Qui vous apparaît comme responsable ? En vertu de quel type de responsabilité ? Votre réponse serait-elle différente s'il s'avérait qu'un ouvrier chargé du montage de la passerelle a commis de graves négligences ?

Afin de maintenir les liens privilégiés qu'elle entretient avec ses clients les plus renommés, l'entreprise Luis Chancel, maroquinier à la renommée mondiale, organise chaque année, à son siège social de Passy, un cocktail suivi d'un repas de très grande qualité. L'organisation et les prestations de bouche sont commandées chez Fochard, grand traiteur, et le prix payé laisse supposer une qualité irréprochable, ce qui a toujours été le cas.
Cette année, le soir du cocktail, les choses commencent mal : M. Eduard, directeur de Deor, l'un des plus gros clients de Luis Chancel, glisse brutalement dans l'escalier d'honneur, offrant aux invités un spectacle inattendu et qui fera beaucoup parler. Il s'avère que la société d'entretien a laissé sur le sol du savon non rincé. La réception reprend tout de même… Certaines personnes remarquent que les canapés au homard ont un goût étrange. Chose confirmée très vite : 30 invités passeront le lendemain aux urgences ; un bacille botulique sera retrouvé dans les canapés. Le traiteur est stupéfait, d'autant qu'il apprend que l'un de ses employés de cuisine vient d'être arrêté par la police pour activité terroriste. Il est membre du Front pour la liberté au Cantal, qui lutte « contre le capitalisme, grand destructeur de notre belle région ». Il avoue avoir inséré dans certains canapés des substances qui n'auraient pas dû s'y trouver.

Vous traiterez ces deux dossiers à partir des annexes et de vos connaissances.

DOSSIER 1

La chute de M. Eduard

1. Quels sont les dommages subis par M. Eduard ?
2. Cette situation met-elle en jeu une responsabilité contractuelle ou délictuelle ? Justifiez votre réponse et proposez un tableau qui synthétise les deux régimes de responsabilité.

DOSSIER 2

Les canapés au homard empoisonnés

3. Vous êtes le conseiller juridique du traiteur qui a fourni les canapés incriminés, Jules Fochard. Dans une courte note, vous expliquerez ce qu'est la responsabilité du commettant à l'égard des faits de son salarié, puis vous vous interrogerez sur la possibilité de l'appliquer dans le cas présent, en montrant en particulier les limites de la responsabilité de M. Fochard.

ANNEXE 1

Analyse sur la jurisprudence actuelle

Il est désormais possible qu'un préposé traduit devant la juridiction pénale soit déclaré pénalement responsable de l'infraction, objet de la poursuite, mais que sa responsabilité civile soit écartée au motif que les faits reprochés ont été commis dans les limites de la mission qui lui avait été impartie par son commettant.

ANNEXE 2

Cour de cassation – 2e chambre civile – Arrêt du 17 mars 2011 (extraits)

Mais attendu que […] la cour d'appel, […] relevant que M. X…, usant du cadre de l'exécution de son emploi de professeur de musique pour abuser d'élèves placés sous son autorité, avait pratiqué les […] agressions sexuelles dont il avait été reconnu coupable dans l'enceinte de l'établissement et pendant les cours qu'il devait y donner, en a exactement déduit que ce préposé, qui avait ainsi trouvé dans l'exercice de sa profession sur son lieu de travail et pendant son temps de travail les moyens de sa faute et l'occasion de la commettre, fût-ce sans autorisation et à des fins étrangères à ses attributions, n'avait pas agi en dehors de ses fonctions, et que l'association, son commettant, était responsable des dommages qu'il avait ainsi causés ; D'où il suit que le moyen [de l'association, l'employeur ici] […], n'est pas fondé […] ; PAR CES MOTIFS : REJETTE […]

SYNTHÈSE

- **Divers dommages pris en compte**
  - Le dommage patrimonial
    - Dommage corporel (blessure, décès, souffrance, dommage esthétique)
    - Dommage matériel (détérioration ou destruction d'un bien, dommage économique)
  - Le dommage extrapatrimonial ou moral
    - Dommage d'agrément
    - Dommage moral par ricochet (perte d'un proche, par exemple)
    - Atteinte à l'honneur, à l'image, à la vie privée
  - Le dommage écologique

- **La réparation du dommage**
  - Définition du dommage réparable
    - Pour être réparable, le dommage doit être légitime, personnel, direct et certain.
    - Il faut démontrer : un fait générateur, un dommage et un lien de causalité entre les deux (qui disparaît en cas de force majeure ou de cause extérieure).
  - L'intégralité de la réparation
    - Réparation en nature
    - Réparation par équivalent

- **Les deux types de responsabilité à l'origine du dommage**
  - La responsabilité contractuelle : la faute est due à l'inexécution ou à la mauvaise exécution du contrat
    - L'obligation de moyens : le créancier doit prouver la faute.
    - L'obligation de résultat : la faute est présumée dès lors qu'il y a inexécution.
    - Un cas particulier : l'obligation de résultat de sécurité (d'abord contrat de transport puis généralisé au droit du travail).
  - La responsabilité délictuelle
    - Pour faute personnelle
    - Du fait d'autrui (responsabilité civile de plein droit de l'employeur pour les faits de son salarié)
    - Du fait des choses

MOTS-CLÉS

- dommage
- obligation de moyens
- obligation de résultat
- obligation de sécurité
- responsabilité contractuelle
- responsabilité délictuelle
- responsabilité des commettants

9 La responsabilité du fait des produits défectueux

SITUATION

La société anonyme Joujoune, dirigée par Joëlle Galone, est une PME de production et de distribution de jeux et jouets. Elle compte quatre départements :
- les jouets traditionnels (articles en bois, trains électriques, peluches, puzzles), qui constituent 60 % des ventes ;
- les articles destinés aux jeunes enfants et adolescents (skateboards, longboards, bicyclettes et trottinettes), en réel essor ;
- les produits premier âge ;
- les déguisements et articles de fête.

Le siège et les ateliers de fabrication de Joujoune SA sont établis à Saint-Dié-des-Vosges. La société possède plusieurs magasins répartis sur tout le territoire national.
Les jouets Joujoune sont vendus à des distributeurs spécialisés, aux enseignes de la grande distribution et aux particuliers, par le canal des magasins de la société.

Malheureusement, l'activité de Joujoune SA est parfois entachée par des incidents ou accidents consécutifs à des défauts des produits écoulés.

Vidéo « Incidents avec des iPhone : ils racontent »

1. Citez des exemples de défectuosités possibles pour les produits de Joujoune SA.
2. Quelles sortes de dommages peuvent résulter de ces défectuosités ?
3. Qui sont les victimes potentielles des défectuosités des jouets ? S'agit-il toujours de clients du producteur ?

1 Analyser le dommage lié à la défectuosité du produit

DOCUMENT 1 La notion de défectuosité

La vie de l'entreprise est émaillée de problèmes liés à des cas d'étouffement par ingestion de petites pièces ou de bourre se détachant de peluches, de chutes accidentelles de balançoires dues à un défaut de leur système de fixation, etc.
Le service après-vente de Joujoune SA est parfois obligé de remplacer un jouet défectueux retourné par un client. Joëlle Galone sait que c'est là une obligation normale pour un vendeur. Mais il arrive qu'un client exige bien plus que le remplacement ou le remboursement du produit acheté, invoquant une défectuosité dangereuse.

Code civil – Article 1386-4 – Un produit est défectueux […] lorsqu'il n'offre pas la sécurité à laquelle on peut légitimement s'attendre.

Sont concernés tous les produits, y compris ceux incorporés dans un immeuble, les produits du sol, de l'élevage, de la chasse et de la pêche et même l'électricité.

DEUX TYPES DE DÉFECTUOSITÉ

Le fonctionnement du produit est sans défaut, mais sa conception le rend dangereux.

Exemple

Un individu s'est coupé la main en nettoyant une tondeuse à gazon dont les lames n'étaient pas correctement protégées.

Le produit est bien conçu, mais un défaut de fabrication le rend dangereux à l'usage.

Exemples

Un conducteur a été blessé dans un accident causé par l'éclatement d'un pneu de sa voiture dû à une hernie.

1. Montrez comment la défectuosité mineure de certains jouets peut avoir des conséquences très graves.
2. Donnez un exemple de défectuosité d'un produit de l'élevage ou de la pêche.

DOCUMENT 2 La situation de dommage lié au produit défectueux

La responsabilité du fait des produits défectueux ne se confond pas avec l'obligation de garantie des vices cachés qui pèse sur tout vendeur et qui l'oblige à remplacer ou à rembourser un bien « impropre à l'usage » auquel l'acheteur le destinait. Elle se distingue également de l'obligation de conformité prévue par les articles L. 211-4 et suivants du Code de la consommation à la charge d'un vendeur professionnel qui contracte avec un consommateur (le bien doit permettre l'usage « habituellement attendu d'un bien semblable »).
Le but de la responsabilité en cas de défectuosité n'est pas de faire rembourser le produit défectueux, mais de permettre l'indemnisation du client qui a subi un préjudice personnel du fait de ce produit.

3. Tous les jouets et équipements fabriqués et/ou commercialisés par Joujoune SA sont-ils concernés par la responsabilité liée aux produits défectueux ?
4. Dans quel cas Joujoune SA ne peut-elle se contenter de rembourser le jouet mis en cause par sa défectuosité ?

DOCUMENT 3 Les types de dommages pris en compte

Joujoune SA est menacée d'une action en justice par Tom Piret, un client collectionneur de trains miniatures. Cet adulte a acheté un transformateur électrique destiné au fonctionnement d'un passage à niveau. Malheureusement, l'appareil défectueux a pris feu, détruisant tout le circuit installé dans le grenier, aménagé à cet effet. Tom a lui-même été assez sérieusement brûlé en éteignant l'incendie qui commençait à se propager.

Les dommages pris en compte par le Code civil (**art. 1386-2**)
→ **1.** Le dommage qui résulte d'une atteinte à la personne
→ **2.** Le dommage supérieur à 500 €, qui résulte d'une atteinte à un bien autre que le produit défectueux lui-même

Outre les dommages matériels causés par la défectuosité du produit, ce régime de responsabilité permet de réparer les dommages corporels ou des dommages moraux (préjudice esthétique, *pretium doloris* – « prix de la douleur » –, etc.). Ces divers préjudices peuvent être subis par des consommateurs, mais aussi par des professionnels (commerçants, industriels, etc.). Toutefois, cette responsabilité ne permet pas d'obtenir réparation pour les dommages causés au produit défectueux lui-même. Cela n'empêche pas la victime d'agir contre le producteur sur un autre terrain, par exemple celui de la garantie des vices cachés.

5. Quels sont les dommages dont Tom Piret peut obtenir réparation du fait de la défectuosité du transformateur électrique ?
6. Explicitez la différence entre la garantie des vices cachés et la responsabilité liée à la défectuosité du produit.
7. En quoi la vente de produits entre professionnels est-elle concernée par la responsabilité liée à la défectuosité des produits ? Illustrez par un exemple

RAISONNER SUR UN CAS Apprécier la portée de la notion de défectuosité du produit

Joëlle Galone doit faire face à la réclamation de Julia Dimecco, une jeune femme qui a acheté une boîte de feux d'artifice pour célébrer son anniversaire. Quelques brèves secondes après la mise à feu, une fusée a jailli, blessant sérieusement Julia, qui n'avait pas eu le temps de s'écarter. Quelque temps après sa sortie d'hôpital, Julia a appris qu'elle ne pourrait plus jouer au tennis, sa main ayant perdu 70 % de sa force de préhension.

Aidez-vous de vos connaissances et des documents 4 et 5 pour répondre aux questions suivantes.
8. Pensez-vous que l'accident de Julia puisse être rattaché à une défectuosité de la boîte de feux d'artifice qu'elle a achetée ? Justifiez votre réponse.
9. Identifiez les dommages subis par Julia qui seront pris en charge au titre de la défectuosité du produit si celle-ci est retenue.

DOCUMENT 4 Une mise en garde explicite (extrait)

ATTENTION – PRODUIT DANGEREUX

L'usage de ces feux d'artifice est interdit aux enfants de moins de 16 ans.

Tout utilisateur devra se conformer au mode d'emploi ci-dessous : l'attention est attirée sur le fait que l'allumage des fusées se fait rapidement : entre 5 et 20 secondes après la mise à feu.

DOCUMENT 5 Un témoignage utile (extrait)

Je, soussigné, Jean-Luc Vierre, déclare avoir assisté à l'événement suivant :
Mon amie, Julia Dimecco, a voulu, le 11 février 2015, jour de son anniversaire, allumer des feux d'artifice en présence de ses invités. À peine avait-elle allumé la mèche qu'une fusée jaillit et la percuta, occasionnant sa chute de la terrasse où elle se trouvait, en haut de l'escalier. Blessée au bras et à la main, Julia fut dirigée vers l'hôpital le plus proche. Elle me demanda de lui retirer sa montre Rolex que venait de lui offrir l'ensemble des convives. Je constatai alors que celle-ci avait été gravement endommagée et ne fonctionnait plus. [...]
Témoignage fait à la demande de Julia Dimecco pour valoir ce que de droit [...].

2 Identifier la nature juridique de la responsabilité en cas de produits défectueux

DOCUMENT 6 Une responsabilité sans faute

Code civil – Article 1386-10
Le producteur peut être responsable du défaut alors même que le produit a été fabriqué dans le respect des règles de l'art ou de normes existantes ou qu'il a fait l'objet d'une autorisation administrative.

10. Joujoune SA peut-elle repousser les demandes de Tom Piret et de Julia Dimecco au prétexte que tous les jeux et jouets qu'elle écoule bénéficient de la norme CE, attestant de leur conformité au décret n° 2010-166 du 22 février 2010 ?
11. En quoi cet article du Code civil favorise-t-il la réparation des dommages subis ?

DOCUMENT 7 Le producteur responsable

Joujoune SA fabrique la plupart des articles qu'elle vend. Toutefois, elle revend des biens qu'elle achète à d'autres producteurs. C'est le cas des trains miniatures, qu'elle vend sous la marque Joujoune, et des feux d'artifice, d'origine italienne, qu'elle vend sous leur marque : Pipistrelli.

Qui est le producteur responsable d'un produit défectueux ?

Le **producteur** est le fabricant professionnel d'un produit fini, le producteur d'une matière première, le fabricant d'une partie composante.

Est assimilé à **un producteur** tout professionnel :
– qui se présente comme producteur en apposant sur le produit son nom, sa marque ou un autre signe distinctif ;
– qui importe un produit en vue de le vendre ou de le louer.

12. Pourquoi Joujoune SA est-elle responsable du défaut de sécurité du transformateur électrique vendu à Tom Piret et de la boîte de feux d'artifice vendue à Julia Dimecco ?
13. Dans quel cas un distributeur n'est-il pas responsable des produits défectueux qu'il vend ?
14. Pourquoi l'importateur d'un produit est-il assimilé au producteur, même s'il l'écoule sous la marque du fabricant étranger ?

DOCUMENT 8 Les victimes et les différentes responsabilités possibles

Au fil du temps, les réclamations et les mises en cause de la société Joujoune SA ont émané de diverses catégories de consommateurs. Certaines victimes ne sont pas clientes de la société.
Ainsi, les parents du petit Cyril Duclot, 4 ans, ont demandé réparation au nom de leur enfant : ils estiment que ce dernier est atteint de troubles neurologiques causés par l'usage prolongé des tétines, vendues par Joujoune SA, qu'il a reçues en cadeau de son parrain. M. et Mme Duclot mettent en cause la composition chimique de ces tétines.

1. Les produits défectueux et la responsabilité contractuelle

La victime de la défectuosité du produit est souvent l'acheteur. On peut alors rattacher la responsabilité du fabricant ou du vendeur à la sphère contractuelle née du fait de la vente. Le cocontractant victime peut être un consommateur ou un professionnel. [...]

2. Les produits défectueux et la responsabilité délictuelle

Les mêmes textes s'appliquent aux cas où un utilisateur subit le dommage. Peu importe donc que le bien soit détenu et utilisé par la personne qui a passé le contrat avec le professionnel. Le produit peut s'avérer dangereux après avoir changé de mains. La responsabilité du producteur est alors délictuelle.

Introduction au droit, DCG, Nathan.

15. Dans quels cas la responsabilité de la société Joujoune est-elle de nature contractuelle ? de nature délictuelle ?
16. Selon vous, quel est l'objectif de la loi qui édicte ici ce double régime de responsabilité ?

DOCUMENT 9 La prescription de l'action

Joujoune SA reçoit parfois des demandes d'indemnisation qui sont rejetées par son avocat du fait de l'ancienneté de l'achat du produit mis en cause.

Le délai qui éteint le droit d'agir en justice se calcule de deux façons différentes et complémentaires : d'abord, le demandeur doit agir dans les **3 ans qui suivent la découverte du défaut** ; ensuite, il faut que cette action intervienne dans les **10 ans de la mise en circulation** du produit sur le marché.

17. Pourquoi un jouet mis en circulation depuis plus de 10 ans ne peut-il pas engager la responsabilité de Joujoune SA ? Justifiez cette règle.

18. Justifiez la règle de la prescription de l'action après 3 ans de la découverte du défaut du produit.

DOCUMENT 10 Un cas d'exonération de responsabilité spécifique

M. et Mme Duclot prétendent que les troubles neurologiques de leur enfant sont liés à la présence de bisphénol A dans les tétines qu'il a utilisés en 2011.

Selon l'**article 1386-11 du Code civil**, la responsabilité du producteur ne peut pas être retenue, outre les cas évidents (il n'a pas mis le produit « en circulation », le défaut n'existait pas à l'origine, etc.) s'il prouve que « l'état des connaissances scientifiques et techniques, au moment où il a mis le produit en circulation, n'a pas permis de déceler l'existence du défaut ».

En France, l'interdiction du bisphénol A dans les contenants destinés à des enfants de moins de trois ans est entrée en vigueur le 1er janvier 2013, avec une interdiction générale d'utilisation le 1er janvier 2015 pour tous les conditionnements directement en contact avec les denrées alimentaires.

19. Pourquoi Joujoune SA ne peut-elle pas être responsable des conséquences de la présence de bisphénol A dans les tétines vendues en 2011 ?

RAISONNER SUR UN CAS Analyser le lien de causalité entre le fait générateur de responsabilité et le dommage

Joëlle Galone n'a jamais été convaincue de la véracité de l'évocation de l'accident faite par Tom Piret, estimant que rien ne prouve que ses blessures résultent bien de la défectuosité du transformateur qu'il a acheté. Aussi, la victime a-t-elle saisi la justice et a obtenu la nomination d'un expert.

DOCUMENT 11 La règle de principe du Code civil (art. 1386-9)

Le demandeur doit prouver le dommage, le défaut et le lien de causalité entre le défaut et le dommage.

20. Expliquez le sens de l'article 1386-9 du Code civil.

21. Sur quoi Joëlle Galone s'appuie-t-elle pour contester la demande de Tom ?

22. En quoi le recours à l'expertise est-il indispensable à Tom ?

DOCUMENT 12 Le rapport d'expertise (extrait)

Il apparaît donc vraisemblable que la brûlure au 2e degré subie par M. Tom Piret résulte de son intervention pour éteindre le début d'incendie provoqué par le transformateur électrique de marque Marklon destiné à une installation miniature de chemin de fer, qui lui a été vendue par la société Joujoune SA. En effet, l'examen du produit litigieux révèle un défaut interne apparaissant comme la cause unique de l'incident [...].

À Saint-Dié-des-Vosges (88100), le 16 mars 2015.

1 Un vol découlant de la défectuosité

COMPÉTENCE :
→ Analyser le dommage lié à la défectuosité du produit

Analysez l'évocation de la décision de jurisprudence ci-après pour répondre aux questions suivantes.

1. Quels sont les faits, les parties en présence et le litige dans cette affaire ?
2. En quoi la décision des juges montre-t-elle que la notion de sécurité est entendue au sens large en matière de produit défectueux ?
3. Expliquez pourquoi la Cour de cassation censure partiellement le jugement du tribunal d'instance en faisant la différence entre : dommage réparable, déduction faite d'une franchise de 500 € et dommage réparable parce qu'intéressant un bien de valeur supérieure à 500 €.
4. Quel a été le montant de la réparation finalement accordée à la victime du vol ? Justifiez.

DOCUMENT Défectuosité, dommage matériel et application de la franchise de 500 €

Note sur l'arrêt de la Cour de cassation du 3 mai 2006

Le propriétaire d'une Peugeot 406 a été victime d'un vol dans son coffre. Bien que verrouillé, il ressort des faits que le coffre a été ouvert sans effraction.

Lors de son dépôt de plainte, cet homme a appris que les systèmes de verrouillage équipant les véhicules de cette série étaient défaillants et avaient contraint le constructeur à apporter des modifications. Pour obtenir réparation de son préjudice, il a assigné le vendeur qui a appelé en garantie le constructeur du véhicule.

Le tribunal d'instance de Douai a condamné vendeur et fabricant, sur le fondement des produits défectueux (article 1386-1 du Code civil), à indemniser le propriétaire de ce véhicule à hauteur de 3 120 €, correspondant à la valeur totale des objets volés. Pour cela, les juges ont relevé que le dysfonctionnement affectant le système de verrouillage avait pour conséquence que le véhicule n'offrait pas la sécurité à laquelle on peut légitimement s'attendre. [...] Le tribunal considère que le vol est lié à la défectuosité du système de fermeture.

La Cour de cassation censure partiellement le jugement du tribunal d'instance. En effet, le producteur a été condamné à indemniser le propriétaire pour l'intégralité de son préjudice sans déduire la franchise de 500 € [...].

INC Hebdo, N° 1402, 02/10/06.

2 Faire comme les grands... peut être dangereux parfois !

COMPÉTENCE :
→ Identifier la nature juridique de la responsabilité en cas de produits défectueux

Vidéo 9.2 « Le maquillage pour enfants est-il dangereux ? »

Prenez appui sur vos connaissances et sur la vidéo proposée pour répondre aux questions suivantes.

1. À quel type de défaut se rattache la défectuosité de certains maquillages pour enfants : défaut de fabrication ou de conception ? Justifiez.
2. Quel type de dommage doit être réparé dans le cas de la vente de ce produit ?
3. Envisagez les différentes personnes pouvant être responsables en cas de défectuosité d'un maquillage pour enfants.
4. Le fait que le maquillage soit certifié conforme à une norme sanitaire excuse-t-il le producteur ? Justifiez votre réponse.

ENTRAÎNEMENT À L'EXAMEN

Le 15 mars 2010, le laboratoire pharmaceutique Vaber a mis sur le marché le Cleanet, un médicament contre l'acné. De nombreux utilisateurs n'ont eu qu'à se féliciter des effets bénéfiques du produit. Mais Julian Mahé, un adolescent de 15 ans, a acheté le médicament le 3 décembre 2015. Quatre jours après l'application, le Cleanet lui a provoqué une réaction violente : des démangeaisons insupportables et des rougeurs qui se sont installées de façon permanente. Le dermatologue consulté a déjà soigné quatre autres adolescents présentant les mêmes symptômes.

Vous traiterez ces deux dossiers à partir de l'annexe et de vos connaissances.

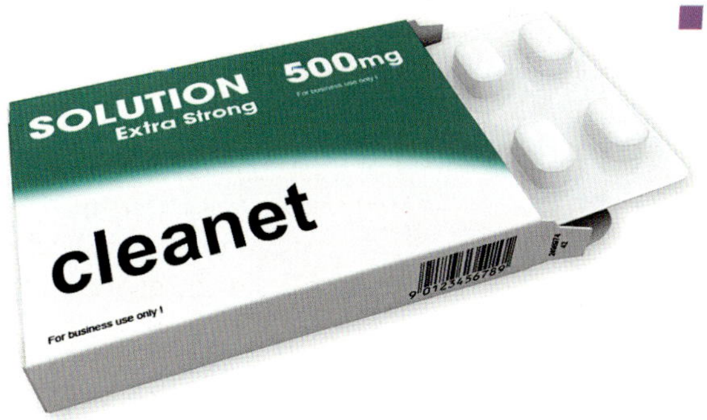

DOSSIER 1

Jean Mahé, le père de Julian, a contacté les parents des jeunes victimes du Cleanet. Après avoir réfléchi aux suites à donner à cette affaire, ils ont tous décidé d'agir en justice.

1. **Détaillez les dommages subis par les victimes et qualifiez la responsabilité mise en lumière par cette affaire.**
2. **Plusieurs victimes ayant acheté le Cleanet dans la même pharmacie envisagent de mettre en cause la responsabilité de ce vendeur. Pensez-vous que cette initiative soit pertinente ? Justifiez votre réponse.**
3. **Jusqu'à quelle date l'action de Jean Mahé est-elle recevable ?**

DOSSIER 2

Finalement, l'avocat de la famille Mahé a pris contact avec celui du laboratoire Vaber. Ce dernier a indiqué sa ligne de défense en cas de procès :
- d'abord, le médicament incriminé a obtenu l'autorisation de mise sur le marché des autorités sanitaires ;
- ensuite, il s'avère que les victimes du Cleanet ont dû en faire un usage non conforme à la posologie indiquée sur la notice d'utilisation ;
- enfin, en 2010, les connaissances techniques ne permettaient pas d'envisager les effets nocifs de certains composants du Cleanet.

4. **Faites une analyse critique des arguments de défense envisagés par l'avocat du laboratoire Vaber.**
5. **Rédigez une brève note de synthèse précisant les conditions d'exonération de responsabilité en cas de produit défectueux.**

ANNEXE

Médicament et produit défectueux

Pour établir le défaut d'un produit, le Code civil prévoit qu'est considéré comme défectueux le produit qui n'offre pas la sécurité à laquelle on peut légitimement s'attendre. [...] Il doit être tenu compte de toutes les circonstances et notamment de la présentation du produit, de l'usage qui peut en être raisonnablement attendu et du moment de sa mise en circulation.

À propos d'un médicament, on pourra rappeler que le principe même du médicament est de soigner telle ou telle pathologie dont souffre le patient auquel il est prescrit.

À cet égard, la lecture de la définition du médicament, telle qu'elle résulte de l'article L. 5111-1 du Code de la santé publique, est indiscutable : « On entend par médicament toute substance ou composition présentée comme possédant des propriétés curatives ou préventives à l'égard des maladies humaines ou animales, ainsi que toute substance ou composition pouvant être utilisée chez l'homme ou chez l'animal ou pouvant leur être administrée, en vue d'établir un diagnostic médical ou de restaurer, corriger ou modifier leurs fonctions physiologiques en exerçant une action pharmacologique, immunologique ou métabolique. »

Si le médicament prescrit a moins de propriétés curatives que d'effets secondaires ou si son principe d'action est méconnu, le défaut du produit sera difficilement contestable.

Victoire de Bary, www.village-justice.com

SYNTHÈSE

Le dommage lié au produit défectueux

- **La défectuosité**
  - Ce peut être la dangerosité liée à un défaut de conception
  - Ce peut aussi être la dangerosité liée à un défaut de fabrication
- **Les produits concernés**
  - Définition large : tout bien meuble, vendu à un consommateur ou à un professionnel
- **Définition du dommage (≠ du vice caché et de la non-conformité)**
  - Atteinte à la personne (dommages physique, matériel, extrapatrimonial)
  - Dommage matériel à d'autres biens que le produit, au-delà de 500 €

Le régime juridique de la responsabilité

- **Responsabilité sans faute du producteur**
  - Le producteur : c'est, en principe, le fabricant du produit défectueux
  - Sont assimilés au producteur : le distributeur qui appose sa marque et l'importateur
- **Deux types de responsabilité**
  - La responsabilité est contractuelle si la victime est l'acheteur
  - La responsabilité est délictuelle si la victime n'est pas l'acheteur
- **Mise en œuvre de l'action en responsabilité**
  - Deux prescriptions sont à prendre en compte :
    – 3 ans à partir de la découverte de la défectuosité
    – 10 ans à partir de la mise sur le marché du produit
  - Un cas d'exonération spécifique : l'insuffisance des connaissances techniques pour déceler la défectuosité du produit

MOTS-CLÉS

- exonération de responsabilité
- lien de causalité
- prescription extinctive
- producteur
- produit défectueux
- responsabilité contractuelle
- responsabilité délictuelle

10 Le sinistre, les assurances et la mutualisation des risques

SITUATION

La compagnie d'assurances OXO dispose de plusieurs agences sur le territoire français. Le siège parisien est parfois consulté lorsque des difficultés surviennent entre des clients et les agents d'assurance locaux.
La clientèle des agences OXO est constituée d'automobilistes, de ménages et d'entreprises de tous les secteurs d'activité.

OXO Assurance

L'agence OXO de Caen assure plusieurs commerçants de Cabourg, dont Jacques Louis, un restaurateur du bord de mer récemment sinistré par une tempête.
La société Joujoune SA, dont l'activité principale est la production et la vente de jouets, est assurée auprès de l'agence OXO de Saint-Dié-des-Vosges.

Vidéo 10.1 « L'Aube en catastrophe naturelle : quelles conséquences pour les habitants ? »

1. Pour quels types d'événements potentiels les automobilistes s'assurent-ils ?
2. Pourquoi un ménage prévoyant s'assure-t-il ?
3. Citez un type de risque subi par une entreprise dont la réparation suppose l'intervention d'une compagnie d'assurances.

1 Identifier les garanties du contrat d'assurance pour se prémunir de risques

DOCUMENT 1 L'assurance et la mutualisation des risques

M. Louis, le restaurateur de Cabourg, est l'un des plus récents clients d'OXO. Il n'a versé qu'une seule prime trimestrielle d'assurance avant de déclarer le considérable sinistre subi du fait de la tempête, à la différence d'autres victimes de la même tempête, assurés depuis des dizaines d'années et qui n'avaient jusque-là jamais eu à se tourner vers leur assureur.

Le contrat d'assurance est un contrat aléatoire par lequel un organisme dit *l'assureur* [...] s'engage envers une ou plusieurs personnes déterminées ou un groupe de personnes dites *les assurées*, à couvrir, moyennant le paiement d'une somme d'argent dite *prime d'assurance*, une catégorie de risques déterminés par le contrat.

www.dictionnaire-juridique.com

Le contrat d'assurance est qualifié d'« aléatoire » parce que ni l'assureur ni l'assuré ne savent si les sommes déboursées au titre des primes d'assurance seront supérieures ou non au remboursement des préjudices subis en cas de réalisation du risque assuré.

Ce qui permet aux compagnies d'assurances de supporter ce caractère aléatoire du contrat, c'est la **mutualisation des risques** : les primes payées par tous les assurés – très nombreux – servent à financer l'indemnisation de ceux qui subissent des sinistres – relativement peu nombreux.

1. Pourquoi OXO doit-elle indemniser M. Louis même si celui-ci n'a versé qu'un faible montant de primes depuis la conclusion de son contrat d'assurance ?
2. Dans quelle mesure la mutualisation des risques est-elle un principe rassurant à la fois pour les assurés et pour les assureurs ?

DOCUMENT 2 La notion de risque assurable

Les contrats conclus par OXO sont très divers. Pourtant, les agents de la compagnie d'assurances sont parfois obligés de repousser certaines demandes.

Le risque assurable est un « événement incertain ».

Cette notion fait référence à un événement incertain, possible et futur, susceptible de se dérouler indépendamment de la volonté du preneur d'assurance, de l'assuré ou du bénéficiaire. Les événements futurs certains mais dont le moment est incertain tombent également dans cette catégorie (par exemple, les décès).

SPF Économie, classes moyennes et énergie, www.economie.fgov.be/fr

Des dossiers sensibles chez OXO

1. L'auteur d'un acte de violence voudrait voir OXO payer à sa place les dommages-intérêts qu'il doit verser à sa victime.
2. La voiture d'un assuré est tombée en panne sur une voie ferrée, ce qui a causé le déraillement d'un train. Les dégâts se chiffrent en millions d'euros.
3. Un tremblement de terre a très légèrement endommagé le garage d'un assuré.
4. La maison d'un client assuré depuis un mois seulement a été totalement détruite par une explosion de gaz.
5. Une victime d'un dégât des eaux souhaite s'assurer pour faire prendre en charge son préjudice.
6. Un assuré demande le paiement des frais de consolidation d'un mur qui menace de s'effondrer sur la propriété voisine.

3. Identifiez les demandes qui correspondent à des risques assurables.
4. Expliquez pourquoi les autres demandes ne peuvent être retenues.

DOCUMENT 3 L'obligation légale d'information à la charge de l'assureur

Code des assurances – Article L. 112-2 (extraits)

L'assureur doit obligatoirement fournir une **fiche d'information** sur le prix et les garanties avant la conclusion du contrat.
Avant la conclusion du contrat, l'assureur remet à l'assuré un exemplaire du projet de contrat et de ses pièces annexes ou une **notice d'information** sur le contrat qui décrit précisément les garanties assorties des exclusions, ainsi que les obligations de l'assuré. [...]
La proposition d'assurance n'engage ni l'assuré, ni l'assureur ; seule la police ou la note de couverture [termes désignant le contrat d'assurance] constate leur engagement réciproque. [...]

5. Quels sont les éléments d'information essentiels pour le cocontractant de l'assureur ? Quel est l'objectif de l'obligation légale d'information mise à la charge de tous les assureurs ?
6. Relevez et justifiez la règle légale déterminant le moment où le contrat d'assurance est formé.

DOCUMENT 4 L'obligation de loyauté à la charge de l'assuré

Le traitement du dossier de M. Louis fait apparaître un problème. Le contrat couvre bien les risques de « l'ensemble des éléments meubles et immeubles » permettant l'exploitation de l'établissement. Toutefois, à la lecture du questionnaire que le restaurateur a rempli à la demande de l'assureur, il ressort qu'à la question : « L'établissement comporte-t-il une terrasse (surcoût éventuel de 20 % de la prime d'assurance) ? », M. Louis a répondu par la négative.

D'après l'arrêt de la Cour de cassation du 3 septembre 2009

M. X..., carrossier, exerce son métier dans des locaux dont il est propriétaire couvert par une assurance multirisque des professionnels de l'automobile. Il prend en location un bâtiment industriel mitoyen au précédent et en avise simplement son assureur. Un incendie détruit ces nouveaux locaux. M. X... demande la mise en œuvre de l'assurance. L'assureur refuse de payer. M. X... l'assigne. Il perd son procès et la Cour de cassation valide la décision des juges du fond en précisant que l'information donnée à l'assureur par M. X... constituait tout au plus une demande de souscription d'un nouveau contrat qui n'avait pas été acceptée par l'assureur qui n'était donc pas tenu de garantir le sinistre.

7. Pensez-vous qu'OXO est tenue de garantir le sinistre subi sur la terrasse de M. Louis ? Justifiez.
8. En quoi l'équilibre du contrat d'assurance repose-t-il sur la loyauté de l'assuré ?

DOCUMENT 5 Les limitations contractuelles des garanties

OXO – CONTRAT ASSURANCES MULTIRISQUE (extrait)

Art. 12 – Inondation et dégâts des eaux : exclusion
Sont exclus de la présente garantie les dommages provenant d'un défaut d'entretien, d'une absence de réparation, de l'humidité ou de la condensation des eaux de ruissellement, des marées, des débordements des cours d'eau, étendues d'eau naturelles ou artificielles, hormis le cas où la commune fait l'objet d'un arrêté « catastrophe naturelle ».

Art. 13 – Inondation et dégâts des eaux : franchise
L'indemnisation de l'assuré victime d'une inondation dégât des eaux se fera pour tout dommage matériel excédant la somme de 1 000 euros, qui restera à la charge de l'assuré, hormis le cas où la commune fait l'objet d'un arrêté « catastrophe naturelle ».

9. Sachant que la commune de Cabourg a décrété l'état de catastrophe naturelle suite au passage de la tempête, M. Louis est-il concerné par les limitations de garantie ?
10. Comment ces limitations de garantie fonctionnent-elles ? Comment les justifier ?
11. Quels sont les effets de ces diverses limitations de garantie sur la politique tarifaire des assureurs ?
12. Dans quelle mesure ces limitations sont-elles aussi dans l'intérêt de la collectivité des assurés ?

2 Délimiter le contenu des garanties dans une situation donnée

DOCUMENT 6 Les spécificités du contrat d'assurance de biens

La clientèle d'OXO n'est pas homogène. Beaucoup d'assurés veulent se prémunir des risques de perte accidentelle de leur logement ou de leur véhicule personnel. D'autres assurent leurs locaux professionnels, leur matériel et leur outillage. Parmi eux, M. Louis doit refaire sa terrasse (22 000 €), remplacer les tables et chaises (6 400 €) et reconstituer presque tout son stock de bouteilles de vin (4 900 €).

Code des assurances – Article L. 121-1
L'assurance relative aux biens est un contrat d'indemnité ; l'indemnité due par l'assureur à l'assuré ne peut pas dépasser le montant de la valeur de la chose assurée au moment du sinistre.

RISQUES ASSURABLES	BIENS ASSURABLES
INCENDIE – Incendie, explosion de toute nature, foudre – Chute d'avion – Choc d'un véhicule terrestre identifié – Électrocution des animaux	– Bâtiments d'habitation – Bâtiments d'exploitation – Serres (verre et plastique) – Contenu des bâtiments (animaux, récoltes, matériels, etc.) – Récoltes sur pied, arbres fruitiers, forêts
TEMPÊTE – Poids de la neige ou de la glace accumulée sur les toitures – Tempête, ouragan ou cyclone	– Bâtiments présentant une structure pouvant résister à un vent de 100 km/h – Contenu des bâtiments – Récoltes annuelles (plantes, épis, etc.)
GRÊLE – Choc mécanique des grêlons – Orage de grêle	– Toitures des bâtiments – Contenu des bâtiments endommagés à la suite de la destruction du toit – Récoltes sur pied, récoltes annuelles
GEL	– Serres – Récoltes
COUP DE CHALEUR – Canicule	– Cheptel hors sol sous bâtiment (mort par élévation anormale de la température)
BRIS DE MACHINE	– Machines (selon des conditions particulières)
PERTE D'EXPLOITATION	

13. Rappelez le risque assuré que M. Louis a subi.
14. À quelle indemnité ce restaurateur peut-il prétendre ?

DOCUMENT 7 Le cas des pertes d'exploitation

M. Louis ne pourra pas reprendre son activité avant un délai de quatre mois après le constat des dommages. Il consulte son contrat d'assurance OXO pour savoir comment il sera indemnisé au titre de la perte d'exploitation.

OXO – CONTRAT D'ASSURANCE (extrait)

Article 8 – Pertes d'exploitation
L'assurance pertes d'exploitation couvre l'assuré contre les risques financiers d'un sinistre affectant son outil de travail [faisant lui-même déjà le cas d'une indemnisation]. L'**indemnité** est calculée **en fonction de la baisse du chiffre d'affaires moyen**, à laquelle on applique le **taux de marge brute** estimé à partir des justificatifs comptables de l'assuré.

Éléments de comptabilité de M. Louis	Chiffre d'affaires annuel	180 000 €
	Taux de marge brute	80 %

15. Calculez le montant de l'indemnité perçue par M. Louis au titre de la perte d'exploitation s'il est empêché de travailler durant quatre mois.
16. Dans quelle mesure l'assurance pertes d'exploitation est-elle recevable ?

DOCUMENT 8 Les spécificités du contrat d'assurance de responsabilité

L'agence OXO de Saint-Dié-des-Vosges doit traiter divers dossiers de la société Joujoune SA, menacée de plusieurs actions en justice par des victimes de produits défectueux :
– les parents du petit Cyril Duclot, qui veulent obtenir un dédommagement pour les troubles neurologiques de leur enfant à la suite de l'usage prolongé des tétines vendues par Joujoune SA ;
– Julia Dimecco, blessée par une boîte de feux d'artifice ;
– Tom Piret, brûlé à la suite du dysfonctionnement d'un transformateur électrique et victime de la destruction de toute son installation de trains miniatures.
Mais, quotidiennement, cette agence reçoit surtout des déclarations d'accidents non professionnels causés par des assurés. C'est le cas de Martine Saurel, une étudiante dont le chien a mordu un facteur.

COURRIERS PUBLICITAIRES DE LA COMPAGNIE D'ASSURANCES OXO (extraits)

Assurance responsabilité civile professionnelle	Assurance responsabilité civile particulier
Exercer une activité professionnelle sans assurance responsabilité civile serait très imprudent, voire illégal dans certains cas. **Pour quelle raison ?** Votre responsabilité peut être engagée si l'exercice de votre métier vous amène à causer des dommages à vos clients, à vos fournisseurs, parfois à des tiers. **Les suites à craindre ?** Votre obligation d'assumer les conséquences financières – parfois très lourdes – des indemnités dues en réparation des préjudices corporels, matériels ou moraux des victimes. **Les précautions à prendre ?** Souscrire notre contrat « OXO-PRO » par lequel nous garantissons la prise en charge des suites de votre responsabilité. **Les garanties d'« OXO-PRO »** • Indemnisation des préjudices corporels (dans la limite de 1 000 000 d'euros) des victimes • Indemnisation des préjudices matériels et moraux (sans plafond) des victimes • Assistance en cas d'action en justice (en demande ou en défense) • Assurance des dommages des salariés, stagiaires et apprentis de l'assuré	Les principes généraux applicables en matière de responsabilité sont issus du Code civil. **Pour quelle raison ?** Votre responsabilité peut être engagée si vous causez des dommages par votre propre faute ou par imprudence, si vos enfants mineurs en causent ou si l'usage que vous faites des biens et des animaux que vous possédez est à l'origine de dommages, qu'il s'agisse de biens meubles ou d'un immeuble mal entretenu. **Les suites à craindre ?** Votre obligation d'assumer les conséquences financières – parfois très lourdes – des indemnités dues en réparation des divers préjudices subis par les victimes. **Les précautions à prendre ?** Souscrire notre contrat « OXO-PARTI » par lequel nous garantissons la prise en charge des suites de votre responsabilité. **Les garanties d'« OXO-PARTI »** • Indemnisation des préjudices corporels (dans la limite de 1 000 000 d'euros) des victimes • Indemnisation des préjudices matériels et moraux (sans plafond) des victimes • Assistance en cas d'action en justice (en demande ou en défense)

17. Quels dommages causés par l'entreprise Joujoune SA donneront lieu à indemnisation par OXO ?
18. Martine Saurel est-elle responsable de la blessure causée au facteur ? Justifiez.
19. Grâce à quelle assurance Martine n'a-t-elle pas à assumer la réparation du dommage subi par le facteur ?
20. Le facteur aurait-il été indemnisé si Martine n'avait pas été assurée ? Par qui ? Dans quelle mesure l'assurance de Martine permet-elle de garantir l'indemnisation de la victime ?

3 Analyser la socialisation du risque

DOCUMENT 9 Les cas d'assurance obligatoire

Parmi les clients d'OXO, on trouve des entreprises du secteur du BTP (bâtiment et travaux publics), des membres de professions libérales (médecins, avocats, experts-comptables, etc.) et, bien sûr, une multitude d'automobilistes et de motocyclistes.

Quelles sont les assurances obligatoires ?

1. Le Code des assurances prévoit que sont obligatoires : l'assurance des véhicules terrestres à moteur pour le risque circulation, l'assurance de la responsabilité civile des chasseurs, l'assurance responsabilité civile et l'assurance dommages-ouvrage des travaux de bâtiment, l'assurance des engins de remontée mécanique.

2. [À la charge de l'assuré] certaines garanties doivent obligatoirement être délivrées par l'assureur dans tout contrat [d'assurance de biens] (contrats incendie, bris de machine, multirisque habitation ou professionnelle...) : des catastrophes naturelles, des dommages matériels résultant d'actes de terrorisme ou d'attentats, des effets du vent dû aux tempêtes, ouragans ou cyclones.

3. Toutefois, près d'une centaine de professions, établissements, associations ou autres sont tenus de s'assurer du fait de dispositions spécifiques.

Dans le domaine concernant le BTP, il est à noter : les agents d'affaires, agents immobiliers, syndicats de copropriété, gérants d'immeubles, architectes, géomètres-experts.

Et aussi les avocats, experts-comptables, commissaires aux comptes, courtiers d'assurances, notaires...

www.auxiliaire.fr

21. Comment se justifie, selon vous, l'obligation de s'assurer imposée aux conducteurs de véhicule à moteur, aux chasseurs et à un grand nombre de professionnels ?

22. Dans quelle mesure cette obligation légale est-elle bénéfique aux assurés autant qu'aux victimes potentielles ?

DOCUMENT 10 Une demande de prise en charge

Le siège parisien de la société OXO vient de recevoir le courrier ci-dessous émanant d'un ancien assuré dont le contrat a été résilié pour non-paiement de sa prime d'assurance.

[...] Même si je reconnais le retard avec lequel je suis prêt à m'acquitter de ma prime d'assurance automobile, je vous saurais gré d'accepter de reconsidérer votre avis de résiliation.

J'ai, en effet, causé un accident occasionnant de très importants dégâts matériels auxquels ma situation ne me permet pas de faire face.

Je compte sur votre compréhension [...].

Les sanctions en cas de défaut d'assurance auto ou moto

Ne pas assurer un véhicule terrestre à moteur est un délit. Vous risquez notamment, dans ce cas :
- une amende de 3 750 € ;
- une suspension de permis de conduire (jusqu'à 3 ans) ;
- l'annulation de votre permis de conduire et l'interdiction de le repasser pendant 3 ans (au plus) ;
- l'interdiction de conduire certains véhicules, même s'ils ne nécessitent pas le permis de conduire ;
- la confiscation du véhicule.

http://vosdroits.service-public.fr/

23. En quoi le défaut d'assurance auto ou moto fait-il courir un risque très important au conducteur du véhicule mis en cause dans un accident de la circulation ?

24. La demande de cet assuré d'OXO est-elle recevable ? Justifiez.

25. Analysez les sanctions encourues au plan pénal pour défaut d'assurance auto et dites ce qui justifie la sévérité de la loi.

DOCUMENT 11 Le coût des sinistres

Tous les mois, une réunion se tient au siège social d'OXO pour analyser les dossiers les plus délicats pour les agences locales. La direction générale de la compagnie d'assurances présente à cette occasion les tendances conjoncturelles ou structurelles du marché de l'assurance.

Assurance : la hausse des sinistres devrait faire grimper les prix

La hausse des sinistres et du coût des indemnisations devrait en toute logique entraîner une augmentation des primes des contrats d'assurance auto et multirisques habitation. Cambriolages, intempéries, accidents de la route... Plus de 14 millions de sinistres en assurances dommages ont été recensés en 2013, selon la Fédération française des sociétés d'assurances (FFSA), qui conclut à une hausse de 2 % par rapport à 2012 [...].

Dans le détail des chiffres, on constate qu'entre 2009 et 2013, le nombre des cambriolages a augmenté de 34 %. Côté assurance automobile, les coûts des sinistres sont de nouveau en forte hausse en 2013, avec une augmentation particulièrement sensible du coût moyen des dommages corporels – de plus de 6 % [...]. Pour ce qui est des intempéries et des catastrophes naturelles durant l'année 2013, le coût des tempêtes et autres inondations de l'année 2013 a été estimé à 1,5 milliard d'euros.

Au final, les chiffres des indemnisations n'ont rien de rassurant ! D'autant que l'épisode de grêle de début juin 2014 devrait alourdir la donne et, par voie de conséquence, la facture des particuliers versées par les assureurs.

www.leparticulier.fr

26. Quelle relation existe-t-il entre la tarification des contrats d'assurance et le coût des sinistres ?
27. Dans quelle mesure le coût global des sinistres est-il réparti entre tous les assureurs, et donc entre tous les assurés ?

DOCUMENT 12 La réassurance

La société OXO est réassurée auprès de la Scor. Cette situation lui permet de faire face à des situations très délicates pour sa trésorerie et d'assurer sa pérennité. Ainsi, le dossier du déraillement de train qu'elle a eu à régler fait-il partie des cas où l'assureur se tourne vers son réassureur.

SCOR

La réassurance est un contrat aux termes duquel une société, le réassureur, s'engage à garantir une société d'assurances, la cédante, contre tout ou partie du ou des risques qu'elle a souscrits aux termes d'une ou de plusieurs polices d'assurance. Par ailleurs, un réassureur peut céder à son tour à d'autres réassureurs (appelés rétrocessionnaires) une partie des risques en question.

La logique de la réassurance

Les compagnies d'assurances (comme OXO) s'assurent elles-mêmes auprès de réassureurs pour couvrir des risques majeurs pour elles :
– les sinistres déclarés par leurs clients dont le coût est très élevé ;
– les situations d'accumulation hors norme des sinistres déclarés (en cas de catastrophe naturelle ou d'attentat, par exemple).

Les compagnies d'assurances paient une prime à leur réassureur (comme la SCOR), qui indemnise ses clients en cas de réalisation du risque assuré.

28. Qui prend en charge le remboursement des sinistres liés au déraillement du train causé par un assuré d'OXO ?
29. Quel parallèle peut-on faire entre la relation juridique qui unit OXO et la Scor et celle qui existe entre OXO et ses clients assurés ?
30. En quoi les clients des sociétés d'assurances sont-ils indirectement bénéficiaires de la pratique de la réassurance ?

DOCUMENT 13 **Les fonds de garantie**

Edgar Beffroi est un assuré d'OXO dont la voiture a été dérobée. Le voleur a causé un accident, blessant grièvement un piéton, avant de disparaître sans avoir été identifié. M. Beffroi se demande si sa responsabilité peut être mise en jeu et, dans ce cas, s'il peut compter sur son assurance.

FG
FONDS DE GARANTIE

Indemniser les victimes

FGAO/FGTI-SARVI

Le **FGAO** (Fonds de garantie des assurances obligatoires de dommages) a été créé pour indemniser les victimes d'accidents de la circulation dont les auteurs n'étaient pas assurés ou pas identifiés.

Le **FGTI** (Fonds de garantie des victimes des actes de terrorisme et d'autres infractions) a été créé en 1986 pour indemniser les victimes de terrorisme ; il a vu ses missions étendues à l'indemnisation des victimes d'infractions et à l'aide au recouvrement des dommages et intérêts.

Prévenir les comportements à risque

Dès qu'il indemnise une victime, le fonds de garantie se retourne contre l'auteur de l'accident non assuré pour récupérer les sommes versées. Ce dernier se retrouve souvent à la tête d'une dette qu'il met de très nombreuses années à rembourser.

Responsabiliser les auteurs

FGAO/FGTI-SARVI

Le **recours** du fonds de garantie **auprès des responsables** répond à une triple nécessité :
→ responsabiliser l'auteur du dommage ;
→ ne pas laisser une impression d'impunité vis-à-vis de la victime ;
→ contribuer au financement du fonds de garantie.

LE FINANCEMENT DES FONDS DE GARANTIE

Le fonds de garantie, un fonds financé par la communauté des assurés
Le fonds de garantie ne reçoit aucune dotation budgétaire de l'État.
Ses ressources proviennent des contributions des assurés et des assureurs perçues sur les contrats d'assurance.
Il est néanmoins placé sous le contrôle du ministère de l'Économie, des Finances et de l'Industrie, qui détermine le taux des contributions.

www.fondsdegarantie.fr

31. Pourquoi la société OXO n'aura-t-elle pas à assumer l'indemnisation du piéton blessé par la voiture d'Edgar Beffroi ? Par qui cette victime sera-t-elle dédommagée ?
32. Justifiez le rôle des fonds de garantie et faites ressortir les enjeux de ce dispositif d'indemnisation.
33. En quoi le financement des fonds de garantie illustre-t-il la socialisation du risque ?

DOCUMENT 14 La sanction pénale au service de l'intérêt général

Michel Risso, client d'OXO, est le gérant d'une SARL de famille, dont il détient la majorité du capital. Il vient d'être condamné à une amende de 18 000 € pour fraude fiscale, outre la pénalité de 40 % sur les sommes dues au titre de l'impôt sur les bénéfices. Il assure s'être trompé dans sa déclaration faite de bonne foi et s'adresse à la compagnie d'assurances pour savoir si elle lui remboursera les sommes en question.

Selon l'**article L. 113-1 du Code des assurances**, « l'assureur ne répond pas des pertes et dommages provenant d'une faute intentionnelle ou dolosive de l'assuré dans le but de provoquer le dommage tel qu'il est survenu ». Pour autant, le Code des assurances ne définit pas la faute intentionnelle. C'est donc la jurisprudence [...] qui s'en est chargée. Pour la Cour, la conception classique et restrictive de la faute intentionnelle exige la réunion de deux éléments, à savoir un geste volontaire générateur du dommage et la volonté de le créer tel qu'il est survenu.

Une précision jurisprudentielle (d'après l'arrêt de la 2e chambre civile de la Cour de cassation du 12 juin 2014)

Les faits : Mme X... demande à un complice, M. Y..., de détruire sa voiture pour toucher la prime d'assurance liée au vol de véhicule. L'incendie volontaire se propage à l'école communale devant laquelle la voiture stationnait.

Après enquête, la propriétaire de la voiture et l'incendiaire sont condamnés au plan pénal. La compagnie d'assurances de Mme X... refuse de prendre en charge les dégâts subis par l'école. Pourtant, la cour d'appel considère qu'elle doit le faire et cette décision est validée par la Cour de cassation :

« [...] la faute intentionnelle au sens de l'article L. 113-1 du Code des assurances, qui implique la volonté de créer le dommage tel qu'il est survenu, n'exclut de la garantie due par l'assureur à l'assuré, condamné pénalement, que le dommage que cet assuré a recherché en commettant l'infraction ;

[...] il était établi que M. Y... avait cherché à détruire par incendie le véhicule mais qu'il n'avait jamais eu l'intention d'incendier l'école Frédéric Mistral [...], l'assureur était tenu à garantie [...]. »

34. Au regard de la prétendue bonne foi de Michel Risso, pensez-vous que la société OXO doit prendre en charge le dommage financier que son client a subi ? Justifiez.

35. À partir de l'arrêt du 12 juin 2014, indiquez la limite posée par la Cour de cassation à l'exclusion de la garantie due par l'assureur en cas de faute volontaire de l'assuré.

36. En quoi cette précision jurisprudentielle est-elle favorable aux intérêts de la collectivité ?

RAISONNER SUR UN CAS Analyser la limite à la mutualisation de la réparation

Après enquête de la police, le voleur de la voiture d'Edgar Beffroi a été identifié. Il s'agit d'un jeune connu pour divers délits. Heureusement, le FGAO est intervenu car la situation matérielle du délinquant ne lui aurait pas permis d'assurer personnellement l'indemnisation de la victime de l'accident.

37. L'auteur du dommage consécutif à l'accident de la voiture de M. Beffroi peut-il être tenu de payer pour le préjudice causé ? Comment se justifie le recours du FGAO contre lui ?

38. Dans quelle mesure ce recours illustre-t-il la limite de la mutualisation de la réparation des dommages ? Quelle est la raison d'être de ces limites ?

DOCUMENT 15 Le recours du fonds de garantie contre l'auteur du dommage

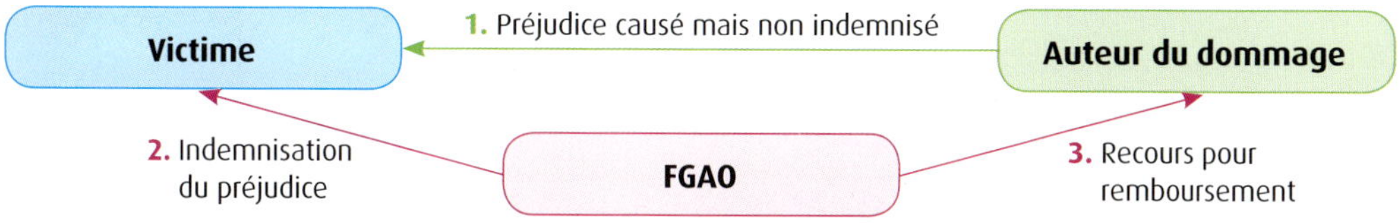

Le FGAO dispose d'un « recours subrogatoire » contre l'auteur du dommage, c'est-à-dire qu'il a le droit d'agir contre lui en lieu et place de la victime qu'il a lui-même indemnisée.

1 Ne pas informer l'assureur peut coûter cher !

COMPÉTENCE :
➡ Analyser le contrat d'assurance

Vidéo 10.2 « Les risques en cas de fausse déclaration sur un contrat d'assurance »

Prenez appui sur vos connaissances et sur la vidéo proposée pour répondre aux questions suivantes.

1. Quelle relation existe-t-il entre l'obligation d'informer l'assureur et le coût de l'assurance ?
2. Quelles sont les qualités exigées de l'information due par l'assuré ?
3. En quoi l'évolution de la situation de l'assuré a-t-elle une incidence sur son obligation d'informer l'assureur ?
4. Quelles sont les sanctions de la fausse déclaration ou de l'omission d'information volontaires de la part de l'assuré ?
5. Quelles sont les suites d'une éventuelle erreur dans l'information fournie à l'assureur ?

2 Un exemple particulier d'intervention du fonds de garantie

COMPÉTENCE :
➡ Analyser la socialisation du risque

1. Quels sont les risques possibles et les victimes potentielles concernés par les déplacements des animaux sauvages ?
2. Pourquoi ne peut-on pas, en principe, demander la réparation des dommages à un assureur ?
3. En quoi l'intervention du FGAO illustre-t-elle bien ici la socialisation du risque et la mutualisation de la réparation des dommages ?

DOCUMENT

Collision automobile avec un animal sauvage : saviez-vous que le Fonds de Garantie peut vous indemniser ?

Nombreux sont les automobilistes à être victimes d'une collision avec un animal sauvage et à supporter ainsi des dommages qui ne sont pas toujours indemnisés ou ne le sont que partiellement par leurs compagnies d'assurance. Nombreux sont aussi les automobilistes à ignorer que le Fonds de Garantie des Assurances Obligatoires (FGAO) peut sous certaines conditions indemniser leurs dommages.

Une loi du 22 octobre 2010 a tout simplement supprimé l'intervention du FGAO dans les accidents matériels causés par des animaux n'ayant pas de propriétaires.

Concernant précisément les animaux, le FGAO continue à intervenir :
– pour les **dommages corporels** causés par des animaux sans propriétaires (gibier par exemple) ou causés par des animaux avec propriétaires inconnus ou non assurés ;
– pour les **dommages matériels** uniquement causés par des animaux dont les propriétaires sont identifiés mais non assurés. [...] Le Fonds de Garantie a donc notamment vocation à indemniser les dommages corporels générés par un accident impliquant un animal sauvage qualifié de « *res nullius* » c'est-à-dire un animal sans propriétaire. [...]
En tout état de cause, pour être dédommagée par le Fonds de Garantie, la victime doit justifier qu'elle ne peut être indemnisée de façon complète à aucun autre titre en démontrant par exemple que sa compagnie d'assurances ne couvre pas le sinistre.

www.automobile-club.org

ENTRAÎNEMENT À L'EXAMEN

Bénédicte Favre, jeune architecte, vient de quitter ses parents et d'aménager dans son premier appartement personnel. Elle a souscrit le mois dernier un contrat « responsabilité civile ». Ce contrat l'informait qu'une franchise de 400 € resterait à sa charge pour tous les dommages qui seraient indemnisés par l'assureur et qu'elle devait déclarer tout sinistre dans le délai de cinq jours pour qu'il soit pris en charge.

Vous traiterez ces deux dossiers à partir de l'annexe et de vos connaissances.

DOSSIER 1

Le surlendemain de la conclusion de son contrat d'assurance, alors même qu'elle n'a pas encore payé la première prime, Bénédicte a oublié de fermer le robinet de sa baignoire. Lorsqu'elle est rentrée du travail, le voisin du dessous – avec qui elle avait eu un premier contact très peu courtois lors de son aménagement – l'a interpellée en lui demandant de reconnaître sa responsabilité dans le dégât des eaux qu'il a subi.

1. Bénédicte doit-elle faire intervenir son assureur ou assumer personnellement les conséquences de sa négligence ? La solution serait-elle la même si elle avait laissé déborder sa baignoire afin de punir le voisin de son manque de courtoisie ?
2. Comment le dommage subi par le voisin sera-t-il réparé et à quelle condition ?
3. Bénédicte craint que son assureur ne mette en avant le fait que le sinistre a suivi de peu la conclusion du contrat d'assurance et le non-paiement de la prime pour refuser de prendre en charge le sinistre. Que peut-on lui dire pour la rassurer ?

DOSSIER 2

Décidément malchanceuse, Bénédicte glisse sur le sol de la salle de bain qu'elle épongeait et se fracture le poignet. Elle devra cesser le travail plusieurs semaines et ne pourra pas accepter le projet qu'un client voulait lui soumettre !

4. Quels sont les dommages subis par Bénédicte ?
5. Pourquoi le contrat souscrit au titre de la responsabilité civile par Bénédicte ne lui permet-il pas d'être indemnisée pour ces dommages ?
6. Pensez-vous que Bénédicte puisse être indemnisée dans le cadre d'un autre contrat d'assurance ?

ANNEXE

La responsabilité civile du particulier et son assurance

1. De quoi êtes-vous responsable ?

Les principes généraux applicables en matière de responsabilité sont issus du Code civil.

Vous pouvez être responsable : des dommages causés par votre propre faute, par imprudence ou par négligence (art. 1382 et 1383), des actes commis par vos enfants mineurs (art. 1384 al. 4) [...], des actes commis par vos employés de maison (art. 1384 al. 5) – [...] notamment, de votre femme de ménage, de votre jardinier, de la personne qui garde vos enfants..., des dommages dus aux objets que vous détenez, qui vous appartiennent, que vous avez empruntés ou loués (art. 1384 al. 1). [...]

2. Que couvre l'assurance de responsabilité civile vie privée ?

Le rôle de l'assurance consiste à se substituer au responsable pour indemniser la victime.

À défaut d'assurance, le responsable doit dédommager lui-même la ou les victimes.

3. Les personnes assurées

Généralement, la garantie responsabilité civile vie privée couvre le souscripteur du contrat, ainsi que toute personne résidant en permanence au domicile de celui-ci (ses enfants même majeurs célibataires et/ou ceux de la personne vivant avec lui). [...]

4. Les dommages couverts

La garantie responsabilité civile vie privée couvre les conséquences pécuniaires de la responsabilité civile incombant à l'assuré dans le cadre de sa vie privée en raison des dommages corporels, matériels et immatériels causés à des tiers par :

- son propre fait ou le fait des personnes dont il doit répondre ;
- les biens mobiliers ou les animaux dont l'assuré est propriétaire ou gardien.

www.ffsa.fr

SYNTHÈSE

- **Le contrat d'assurance face aux risques**
  - Principes généraux
    - La mutualisation des risques : tout assuré paie des primes pour indemniser les sinistrés.
    - Le caractère aléatoire de l'assurance
    - Le risque assuré : un événement incertain
  - Les obligations spécifiques des parties
    - Obligation d'information de l'assureur
    - Obligation de loyauté de l'assuré
  - Les limitations de garantie
    - Des plafonds d'indemnisation
    - Des risques exclus d'assurance
    - Des franchises
- **Le contenu et l'étendue des garanties de l'assurance**
  - L'assurance de biens
    - Multiples biens assurables : meubles, immeubles, animaux, machines…
    - Multiples risques assurables : incendie, tempête, grêle, gel…
    - Le cas particulier de l'assurance pertes d'exploitation
  - L'assurance de responsabilité civile
    - Responsabilité civile pour les professionnels et pour les particuliers
- **La socialisation du risque**
  - Les assurances obligatoires
    - Pour faire face à certains risques : de la route, de la construction…
    - Pour certaines professions : dans le BTP et les professions libérales.
  - Face au coût des risques
    - La réassurance
  - Face aux risques non assurés
    - Les fonds de garantie
  - Une limite
    - Pas d'assurance des dommages liés à la faute volontaire (par exemple, l'infraction pénale)

MOTS-CLÉS

- assurance
- contrat d'assurance
- exclusion d'assurance
- fonds de garantie
- franchise
- prime d'assurance
- risques assurables

Les principes juridiques au service de la sécurité

La SARL Omnidoc, qui emploie 38 salariés, est un fabricant de papier installé en Dauphiné. Du bois, des papiers et cartons récupérés sont transformés en pâte, matière première de la fabrication du papier. Puis la pâte subit divers traitements qui nécessitent l'utilisation de produits chimiques.

Les associations de protection de l'environnement sont sourcilleuses, car l'industrie du papier est très polluante. Pour Omnidoc, la communication est essentielle, tant à l'intérieur de l'entreprise qu'en direction de son environnement.

À l'aide de vos connaissances et des documents annexés, vous traiterez les trois dossiers ci-après.

DOSSIER 1 Précaution et prévention, des principes pour l'environnement (annexes 1 et 2)

En 2015, un nouveau procédé d'enduction (opération consistant à recouvrir la surface du papier avec les pigments demandés par les clients), plus rapide est moins onéreux, est inventé : une innovation française, obligeant à l'achat d'une nouvelle machine, avec une promesse de rentabilité supérieure. Omnidoc étant intéressé par ce concept, les associations de protection de l'environnement expriment leurs craintes auprès des responsables politiques. Aucune certitude n'existe en effet quant à l'absence de risques liés à l'exploitation de cette innovation, induisant encore de nombreux procédés chimiques.

1. Quelle base juridique (précaution ou prévention) vous paraît la plus appropriée pour fonder une éventuelle intervention de l'autorité publique ? Justifiez votre réponse.
2. Dans une note structurée, vous montrerez les différences entre les deux principes, en mettant en évidence leurs intérêts et leurs limites.

DOSSIER 2 L'obligation de sécurité de l'employeur (annexes 3 et 4)

Plusieurs employés au traitement des pâtes chimiques se plaignent de rougeurs sur les mains et de toux régulières.

3. En quoi la direction d'Omnidoc peut-elle être considérée comme responsable de cet état de fait ?
4. Que doit faire l'employeur ?

DOSSIER 3 L'obligation contractuelle et la sécurité des produits (annexes 5 et 6)

Omnidoc a passé commande d'acide, utilisé pour adoucir la surface des feuilles de papier, auprès d'un grossiste, Chimics. Lorsque les deux ouvriers chargés de l'installation du produit ouvrent le baril, ils ressentent immédiatement des brûlures aux mains, malgré le port des gants de protection. À l'expertise, il apparaît que la concentration d'acide est beaucoup trop forte, du fait d'une erreur de dosage du fabricant.

5. Quels éléments doivent être rapportés par Omnidoc pour engager une action sur la base de la responsabilité contractuelle ?
6. Contre qui Omnidoc doit-elle agir ? Quelle vous paraît devoir être l'issue de l'action en justice ?

ANNEXE 1 Arrêt du Conseil d'État du 14 novembre 2014 (extrait)

Considérant que, si aucun lien de cause à effet entre l'exposition résidentielle à des champs électromagnétiques de très basse fréquence et un risque accru de survenance de leucémie chez l'enfant n'a été démontré, plusieurs études ont, malgré leurs limites, mis en évidence une corrélation statistique significative entre le facteur de risque invoqué par les requérants et l'occurrence d'une telle pathologie supérieure à la moyenne ; que le contenu de ces études ne peut être remis en cause par les deux études produites par la société RTE qui, par la date à laquelle elles ont été rendues publiques, ne peuvent refléter l'état des connaissances à la date de l'acte attaqué ; que, dans ces conditions, l'existence d'un tel risque doit être regardée comme une hypothèse suffisamment plausible en l'état des connaissances scientifiques pour justifier l'application du principe de précaution.

ANNEXE 2 Proposition de loi, 13 novembre 2014

Vendredi 13 novembre 2014, le site de l'Assemblée nationale a publié une proposition de loi constitutionnelle visant à instaurer un principe d'innovation responsable. Déposé par Éric Woerth et une partie du groupe UMP, le texte est constitué d'un unique article qui propose de remplacer le principe de précaution par un « principe d'innovation responsable », dans la Charte de l'environnement de 2004.

« Le principe de précaution seul, [pouvant] être parfois un principe d'inaction, d'interdiction et d'immobilisme », les signataires de la proposition de loi appellent donc à le supprimer au profit du principe d'innovation responsable, afin d'établir un « équilibre [qui] permettra à notre pays de reprendre de la vitesse dans de nombreux secteurs comme le nucléaire, les nanotechnologies ou les biotechnologies » [...].

ANNEXE 3 Code du travail, article L. 4121-2

L'employeur met en œuvre les mesures prévues à l'article L. 4121-1 sur le fondement des principes généraux de prévention suivants :

1° Éviter les risques ;
2° Évaluer les risques qui ne peuvent pas être évités ;
3° Combattre les risques à la source ;
4° Adapter le travail à l'homme, en particulier en ce qui concerne la conception des postes de travail ainsi que le choix des équipements de travail et des méthodes de travail et de production, en vue notamment de limiter le travail monotone et le travail cadencé et de réduire les effets de ceux-ci sur la santé ;
5° Tenir compte de l'état d'évolution de la technique ;
6° Remplacer ce qui est dangereux par ce qui n'est pas dangereux ou par ce qui est moins dangereux ;
7° Planifier la prévention en y intégrant, dans un ensemble cohérent, la technique, l'organisation du travail, les conditions de travail, les relations sociales et l'influence des facteurs ambiants, notamment les risques liés au harcèlement moral, tel qu'il est défini à l'article L. 1152-1 ;
8° Prendre des mesures de protection collective en leur donnant la priorité sur les mesures de protection individuelle ;
9° Donner les instructions appropriées aux travailleurs.

ANNEXE 4 Arrêt de la Cour de cassation, ch. sociale, 5 mars 2008 (extrait)

[...] Mais attendu que l'employeur est tenu, à l'égard de son personnel, d'une obligation de sécurité de résultat qui lui impose de prendre les mesures nécessaires pour assurer la sécurité et protéger la santé des travailleurs ; qu'il lui est interdit, dans l'exercice de son pouvoir de direction, de prendre des mesures qui auraient pour objet ou pour effet de compromettre la santé et la sécurité des salariés [...].

ANNEXE 5 Code civil

Article 1386-1 – Le producteur est responsable du dommage causé par un défaut de son produit, qu'il soit ou non lié par un contrat avec la victime.
Article 1386-4 – Un produit est défectueux au sens du présent titre lorsqu'il n'offre pas la sécurité à laquelle on peut légitimement s'attendre. Dans l'appréciation de la sécurité à laquelle on peut légitimement s'attendre, il doit être tenu compte de toutes les circonstances et notamment de la présentation du produit, de l'usage qui peut en être raisonnablement attendu et du moment de sa mise en circulation.

ANNEXE 6 Responsabilité du fait de produit défectueux

L'imputation du risque du fait d'un produit défectueux est légalement circonscrite. Pour les produits mis en circulation après l'expiration du délai de transposition de la directive, l'acheteur ou l'utilisateur qui se dit victime d'un dommage causé par un défaut ne peut rechercher, sur le fondement de la responsabilité du fait des produits défectueux, que la responsabilité du fabricant ou producteur, à l'exclusion de celle des fournisseurs, vendeurs ou revendeurs intermédiaires et ce n'est que si le producteur ne peut être identifié que ces derniers peuvent être responsables, à moins qu'ils ne désignent leur propre fournisseur.

Le commerce électronique : Au nom de la Rose

La SARL Au nom de la Rose a été créée il y a un an à Aix-en-Provence par trois amis qui ont étudié l'art floral. Elle a pour activité la conception de compositions et de décorations florales pour une clientèle de particuliers et de professionnels. Le carnet d'adresses et le réseau dont elle dispose ont permis un démarrage très prometteur. Cependant, face à une conjoncture plutôt morose et à une concurrence vive sur ce secteur d'activité, la SARL recherche des partenaires commerciaux susceptibles de générer de nouveaux débouchés et souhaite développer sa notoriété.
Elle contacte votre cabinet de conseil juridique Experlegis afin que vous puissiez la conseiller dans ses prises de décision.

M. Guilland, votre responsable hiérarchique, vous charge de ce travail et vous confie trois dossiers que vous traiterez à partir des annexes et de vos connaissances personnelles.

DOSSIER 1 Les productions immatérielles et la protection des données personnelles (annexes 1 à 3)

Afin de développer l'activité de la société et d'accroître sa visibilité, les trois associées ont créé un site Internet, Aunomdelarose.com. Ce site, illustré de photos et de vidéos qui attestent du professionnalisme et de la créativité des fondatrices, devra permettre aux internautes de passer des commandes de compositions florales à l'aide d'un formulaire qu'ils auront préalablement rempli et comportant des données personnelles. La société chargée de la réalisation du site a intégré des cookies permettant de calculer le taux de fréquentation du site, de dresser le profil des internautes l'ayant consulté et d'envoyer des offres commerciales ciblées.

1. Les pages du site Internet Aunomdelarose.com sont-elles protégées contre la contrefaçon par des tiers ?
2. Quelles sont les obligations de la SARL relatives à la collecte des informations sur ses clients ? Quels sont les droits de ces derniers sur les données personnelles les concernant ?

DOSSIER 2 Le contrat électronique (annexes 4 et 5)

Mme Reichart, chef d'entreprise, a oublié d'acheter la décoration florale des tables de ses invités pour la fête qu'elle a organisée pour ses cinquante ans. Sur les conseils d'une amie, elle consulte le site Aunomdelarose. Elle commande vingt bouquets dans des pots blancs assortis aux nappes et assiettes. La société lui livre les bouquets en temps et heure. Mais Mme Reichart constate que la couleur des bouquets et des pots ne correspond pas à celle commandée.

3. Présentez dans une note structurée les mentions obligatoires des conditions générales de vente assurant la protection des internautes qui ont passé une commande par voie électronique.
4. Quelle action peut engager Mme Reichart contre la SARL Au nom de la Rose ?

DOSSIER 3 Les effets de la mauvaise exécution ou de l'inexécution du contrat (annexe 6)

La SARL Au nom de la Rose travaille depuis sa création avec Les Pépinières du Sud-Est, un producteur de fleurs avec lequel elle a conclu un contrat d'approvisionnement bimensuel exclusif pour une durée de trois ans. Depuis quelques semaines, la qualité des fleurs laisse à désirer et le producteur n'a pas été en mesure de lui livrer une commande de roses miniatures destinées à être intégrées dans une décoration florale pour un grand hôtel de la côte varoise. La SARL, très mécontente, n'a pas commandé le mois suivant la quantité de fleurs prévue au contrat.

5. Que peut faire la SARL Au nom de la Rose face au retard de la livraison de fleurs ?
6. La SARL Au nom de la Rose peut-elle résilier le contrat qui la lie avec Les Pépinières du Sud-Est ? Vous justifierez votre réponse.

ANNEXE 1 Code de la propriété intellectuelle

Article L. 111-1, alinéa 1 du CPI
L'auteur d'une œuvre de l'esprit jouit sur cette œuvre, du seul fait de sa création, d'un droit de propriété incorporelle exclusif et opposable à tous.

ANNEXE 2 La protection de l'originalité d'un site Internet

À la question de savoir si on peut légitimement demander à bénéficier du droit d'auteur pour protéger l'originalité d'un site Internet, les juges répondent :
« Le choix de combiner ensemble ces différents éléments selon une certaine présentation procède d'une recherche esthétique, nullement imposée par un impératif fonctionnel, qui confère au site une physionomie particulière le distinguant d'autres sites relevant du même secteur d'activité et révèle un effort créatif qui caractérise l'originalité de ce site éligible à la protection par le droit d'auteur instituée au Livre I du Code de la propriété intellectuelle. »

Cour d'appel de Versailles, « Vente-Privée.com / Club Privé » (extrait), 2 juillet 2013.

ANNEXE 3 La collecte de données personnelles

Définir clairement sa politique en matière de données personnelles est l'un des premiers prérequis de tout acteur. En effet, si la donnée est l'élément clé de la politique commerciale d'une entreprise de commerce électronique, elle est également au cœur de la loi « Informatique et Libertés ». Dès lors qu'elle permet d'identifier des personnes physiques, peu importe que cette donnée concerne le secteur du B to B ou celui du B to C. C'est ainsi que la simple collecte de renseignements, tels que des adresses e-mails, des informations lors d'une vente ou de l'envoi d'une documentation..., ou bien encore ceux recueillis grâce à des questionnaires ou des cookies..., va être directement concernée par ce texte.
Première contrainte : les acteurs du commerce électronique doivent collecter les données de manière loyale et licite, sachant que ces renseignements et les traitements effectués devront être adéquats, pertinents et non excessifs eu égard aux finalités du fichier. À défaut, la politique de données personnelles collectées *via* le Web devra être redéfinie. D'ores et déjà, les juges ont considéré que la collecte d'adresses électroniques à l'insu

des personnes devait être condamnée. Deuxième contrainte imposée aux acteurs du e-commerce : définir avec précision les informations qui pourraient être collectées *via* le Web ou qui pourraient exister suite à des traitements.
Définir sa politique de données personnelles collectées *via* Internet s'avère d'autant plus déterminant que cette politique va présider au choix des formalités déclaratives à effectuer.
Si, actuellement, tout acteur du commerce électronique connaît les obligations de déclaration auprès de la CNIL, bon nombre ignorent que l'obligation de déclaration peut s'appliquer dans leur entreprise lors du lancement de nouveaux sites Internet et ce, même si aujourd'hui il existe des dispenses de déclaration pour de tels traitements.
Or, plusieurs choix en termes de formalités déclaratives existent : autorisation, dispense de déclaration, autorisation après arrêté ou décret, déclaration simplifiée ou ordinaire... Et la formalité à accomplir différera en fonction des renseignements enregistrés ou issus des traitements, des choix technologiques ou bien encore des finalités...
Ces formalités déclaratives devront être effectuées avant même la mise en œuvre des traitements, puisque la CNIL doit avoir délivré auparavant son autorisation ou récépissé. À défaut, des sanctions pénales ou civiles particulièrement lourdes peuvent être prononcées soit par les tribunaux, soit par la CNIL. Par conséquent, l'approche déclarative doit être menée dès la définition du plan fichiers. Une approche essentielle, puisqu'elle seule permettra d'identifier les mesures d'information à faire figurer sur le site. Une véritable analyse juridique s'impose dès la définition de son plan médias *via* le Web.

Brigitte Misse, avocat auprès de la cour d'appel de Paris,
www.ecommercemag.fr

ANNEXE 4 Code de la consommation

Article L. 121-19-3
(créé par la loi n° 2014-344 du 17 mars 2014)
Pour les contrats conclus par voie électronique, le professionnel rappelle au consommateur, avant qu'il ne passe sa commande, de manière lisible et compréhensible, les informations relatives aux caractéristiques essentielles des biens ou des services qui font l'objet de la commande, à leur prix, à la durée du contrat et, s'il y a lieu, à la durée minimale des obligations de ce dernier au titre du contrat, telles que prévues au I de l'article L. 121-17.
Le professionnel veille à ce que le consommateur, lors de sa commande, reconnaisse explicitement son obligation de paiement. À cette fin, la fonction utilisée par le consommateur pour valider sa commande comporte, à peine de nullité, la mention claire et lisible : commande avec obligation de paiement ou une formule analogue, dénuée de toute ambiguïté, indiquant que la passation d'une commande oblige à son paiement.
Les sites de commerce en ligne indiquent clairement et lisiblement, au plus tard au début du processus de commande, les moyens de paiement acceptés par le professionnel et les éventuelles restrictions de livraison.

Article L. 121- 21
Le consommateur dispose d'un délai de quatorze jours pour exercer son droit de rétractation d'un contrat conclu à distance, à la suite d'un démarchage téléphonique ou hors établissement, sans avoir à motiver sa décision ni à supporter d'autres coûts que ceux prévus aux articles L. 121-21-3 à L. 121-21-5.
Toute clause par laquelle le consommateur abandonne son droit de rétractation est nulle. [...]

Article L. 121-21-4
(créé par la loi n° 2014-344 du 17 mars 2014)
Lorsque le droit de rétractation est exercé, le professionnel est tenu de rembourser le consommateur de la totalité des sommes versées, y compris les frais de livraison, sans retard injustifié et au plus tard dans les quatorze jours à compter de la date à laquelle il est informé de la décision du consommateur de se rétracter. [...]
Au-delà, les sommes dues sont de plein droit majorées du taux d'intérêt légal si le remboursement intervient au plus tard dix jours après l'expiration des délais [...], de 5 % si le retard est compris entre dix et vingt jours, de 10 % si le retard est compris entre vingt et trente jours, de 20 % si le retard est compris entre trente et soixante jours, de 50 % entre soixante et quatre-vingt-dix jours et de cinq points supplémentaires par nouveau mois de retard jusqu'au prix du produit, puis du taux d'intérêt légal. [...]

ANNEXE 5 Extrait des conditions générales de vente du site Aunomdelarose.com

Livraisons
Les livraisons sont faites à l'adresse indiquée dans le bon de commande qui ne peut être que dans la zone géographique convenue. Les risques sont à la charge de l'acquéreur à compter du moment où les produits ont quitté les locaux de la SARL Au Nom de la rose. En cas de dommage pendant le transport, la protestation motivée doit être formulée auprès du transporteur dans un délai de trois jours à compter de la livraison. Les délais de livraison ne sont donnés qu'à titre indicatif ; si ceux-ci dépassent trente jours à compter de la commande, le contrat de vente pourra être résilié et l'acheteur remboursé.

Garantie
Tous les biens fournis par la SARL Au Nom de la rose bénéficient de la garantie légale prévue par les articles 1641 et suivants du Code civil. En cas de non-conformité d'un bien vendu, il pourra être retourné à la SARL Au Nom de la rose, qui le reprendra, l'échangera ou le remboursera. Toutes les réclamations, demandes d'échange ou de remboursement doivent s'effectuer par voie postale à l'adresse suivante : Parc Actimart, Bt A, ZI Les Milles, 13028 Aix-en-Provence, dans le délai de trente jours suivant la livraison.

ANNEXE 6 Extrait du contrat d'approvisionnement exclusif entre la SARL Au nom de la Rose et Les Pépinières du Sud-Est

Article 10 – Pénalités
Au cas où la société Les Pépinières du Sud-Est ne serait pas en mesure de livrer les biens aux dates et délais convenus, celle-ci s'engage à verser à la SARL Au Nom de la rose une indemnité plafonnée à 15 % du montant du contrat à titre d'indemnisation de tout préjudice, y compris commercial. Cette indemnité est due de plein droit, sans mise en demeure préalable, du seul fait du non-respect de la date de livraison par la société Les Pépinières du Sud-Est. Cette clause ne peut s'appliquer en cas de force majeure. À ce titre, la force majeure s'entend de tout événement extérieur, imprévisible et irrésistible au sens de l'article 1148 du Code civil.

Article 11 – Résiliation du contrat
En cas d'inexécution des obligations essentielles du contrat de la part de chacun des contractants, le contrat pourra être résolu de plein droit et pourra ouvrir droit à l'allocation de dommages et intérêts au profit du cocontractant victime de l'inexécution.

Divers contrats et leurs suites

La direction de l'exploitation viticole Vins des Plateaux de Basse-Bourgogne (VPBB) a besoin de remplacer le dispositif de refroidissement de toutes ses cuves de vinification.

Cette opération nécessite un investissement de 33 000 à 48 000 €, selon les premières propositions des fournisseurs potentiels, la SA Creuset, d'une part, et la SARL Jupiter, d'autre part, deux entreprises régionales spécialisées dans les équipements industriels. Après avoir mené des négociations avec ces deux sociétés durant un mois, Gil Augier, la directrice de VPBB, a décidé d'accepter l'offre de la SA Creuset, qui a consenti à livrer ces dispositifs de refroidissement pour le prix de 28 500 €. Aussi se fait-elle excuser de ne pas se rendre à un rendez-vous prévu avec le gérant de la SARL Jupiter.

DOSSIER 1 La négociation et le contrat (annexes 1 à 3)

Prévenue de la rupture des négociations, la direction de la SARL Jupiter estime que l'absence de réponse à son offre de 41 000 € et le coup d'arrêt mis aux négociations par VPBB dénotent un comportement grossier et, au plan juridique, une faute susceptible d'être indemnisée en justice.

1. **Pensez-vous que le point de vue et les prétentions de la SARL Jupiter concernant la rupture des négociations par la société VPBB soient juridiquement fondés ? Justifiez.**

La livraison par la SA Creuset du dispositif de refroidissement devait se faire avant le 1er septembre 2015, les anciens équipements ayant été démontés par VPBB. Cependant, le 15 septembre, alors que les vendanges sont bien avancées, et malgré une mise en demeure reçue le 3 septembre, la SA Creuset n'est toujours pas en mesure d'effectuer l'installation indispensable au stockage du nouveau vin. Gil Augier craint de perdre le fruit d'un an de travail dans ses vignes.

2. **Comment doit-on qualifier en droit le comportement de la SA Creuset ? Quel dommage peut-il entraîner ? Comment peut-il être réparé ?**

DOSSIER 2 Le contrat de travail, la modification et la rupture (annexes 4 à 7)

Pour pallier l'absence du nouveau dispositif de refroidissement, Gil Augier demande à deux ouvriers agricoles s'ils accepteraient de remonter aussi vite que possible l'ancienne installation, qui est toujours sur place puisqu'elle devait être évacuée par la SA Creuset. Gil Augier reconnaît que cela va leur demander un effort et les éloigner de leurs tâches habituelles. L'un des deux ouvriers accepte tandis que l'autre annonce qu'il n'est pas question pour lui de valider un changement de son contrat de travail, qui prévoit explicitement que ses tâches consistent dans l'entretien des vignes et des espaces cultivés.

3. **Comment s'analyse le changement temporaire d'activité que Gil Augier demande aux ouvriers agricoles d'accepter ? Que risque l'ouvrier qui refuse cette modification ?**

Dans une seconde tentative de convaincre l'ouvrier récalcitrant, alors que le ton de la conversation monte, Gil Augier s'emporte un peu et traite l'ouvrier de « tire-au-flanc » ! Celui-ci, vexé, quitte sur le champ le lieu de travail, non sans avoir prévenu son employeur qu'il ne mettrait plus les pieds dans l'exploitation et qu'ils se retrouveraient tous deux au conseil de prud'hommes...

4. **Quelle qualification donne-t-on à cette rupture du contrat de travail ? Quelles en sont les suites judiciaires possibles ? Pensez-vous que le salarié obtiendra gain de cause ? Justifiez votre réponse.**

DOSSIER 3 Le produit défectueux (annexes 8 et 9)

Impressionnée par la menace d'un procès, la SA Creuset a finalement livré et installé le dispositif de refroidissement des cuves. Malheureusement, cela ne met pas fin aux tourments de la viticultrice. En effet, une fuite sur un conduit défectueux a occasionné un accident dans le chai, un jet de vapeur ayant brûlé au bras Gil Augier.

5. Présentez, dans une note structurée, la spécificité de la responsabilité des produits défectueux, en envisageant, d'une part, la personne responsable et les dommages couverts, d'autre part, les victimes et la réparation de leurs dommages.

ANNEXE 1 La rupture des pourparlers

Proposer à un cocontractant potentiel d'entrer en pourparlers ne constitue pas une offre. La phase des pourparlers apparaît en fait comme une étape de discussion précontractuelle. De ce fait, si l'une des parties décide de rompre ces pourparlers, rien n'autorise à engager sa responsabilité contractuelle puisqu'il n'y a pas (ou pas encore) de contrat ! Cependant la jurisprudence admet que la responsabilité délictuelle puisse être établie dans le cas de rupture abusive des pourparlers : lorsque c'est de mauvaise foi qu'intervient le coup d'arrêt à la négociation ou s'il manifeste une légèreté blâmable. La Cour de cassation a approuvé la condamnation à des dommages-intérêts d'un éditeur qui avait fait croire de façon prolongée à un auteur qu'il allait sans doute être édité ; dans plusieurs affaires, elle a validé la même sanction à l'encontre de négociateurs négligents laissant croire faussement – souvent par négligence – à l'aboutissement d'un projet tenant à cœur à leur interlocuteur.

ANNEXE 2 Mise en demeure

Gil AUGIERa
Directrice de VPBB
12 rue Saint-Exupéry
89200 AVALLON

Monsieur Albert PAIRE
Directeur général de la SA Creuset
6 impasse du Bois
89000 AUXERRE

MISE EN DEMEURE – Lettre recommandée avec accusé de réception

Avallon, le 2 septembre 2015

Monsieur le Directeur,

Par la présente, je vous adresse une mise en demeure d'avoir à me livrer et à installer, sous huitaine, le dispositif de refroidissement des cuves dont j'aurais dû avoir l'usage, selon les termes de notre contrat, au plus tard le 31 août 2015.

Vous n'ignorez pas que cet équipement est indispensable à la mise en cuve du nouveau raisin et qu'à défaut d'installation du dispositif dans les temps, c'est la récolte entière qui serait perdue.

Faute de livraison au plus tard le 11 septembre, je serais obligée de confier la défense de mes intérêts à mon avocat.

Recevez, Monsieur le Directeur général, mes salutations.

Gil Augier

ANNEXE 3 **Article du Code civil**

Article 1147
Le débiteur est condamné, s'il y a lieu, au paiement de dommages et intérêts, soit à raison de l'inexécution de l'obligation, soit à raison du retard dans l'exécution, toutes les fois qu'il ne justifie pas que l'inexécution provient d'une cause étrangère qui ne peut lui être imputée, encore qu'il n'y ait aucune mauvaise foi de sa part.

ANNEXE 4 **Les deux types de modification de la situation du salarié**

Changement des conditions de travail
Le changement des conditions d'emploi proposé au salarié peut entraîner un simple changement des conditions de travail s'il ne remet pas en cause une clause prévue dans le contrat de travail. Il peut s'agir, par exemple :
- d'une nouvelle répartition des heures de travail d'un salarié à temps plein [...] ;
- d'une nouvelle tâche confiée au salarié qui correspond à sa qualification ;
- d'un changement de lieu de travail dans le même secteur géographique [...].

Dans ce cas, le salarié [...] ne peut s'opposer à ce changement, sauf s'il peut justifier d'une atteinte excessive à sa vie privée ou d'un changement lié à un motif discriminatoire. Tout refus injustifié du salarié peut entraîner son licenciement (pour cause réelle et sérieuse, voire pour faute grave). [...]

Modification du contrat de travail
L'employeur peut proposer au salarié une modification d'un élément de son contrat (lieu, horaire ou durée de travail, rémunération, changement de fonction entraînant une nouvelle qualification). [...]
Dans tous les cas, la modification du contrat n'est possible qu'avec l'accord exprès du salarié [...] par le biais d'une réponse écrite. [...]

http://vosdroits.service-public.fr/

ANNEXE 5 **La modification des fonctions et des tâches du salarié**

La fonction est un élément de l'essence du contrat de travail, car le salarié est engagé pour occuper un emploi déterminé ou un poste d'une catégorie d'emploi déterminée. Toutefois, si l'altération des fonctions affectant la nature de l'emploi constitue en général une modification du contrat, la variation des tâches à accomplir qui ne traduit qu'un simple aménagement des fonctions sans dénaturer l'emploi, est souvent un simple changement des conditions de travail.

Lamy Social, Éditions Lamy.

ANNEXE 6 **La prise d'acte dans le Code du travail**

Un nouvel article est créé dans le Code du travail (**C. trav., art. L. 1451-1 nouveau**). Il prévoit que, lorsque le conseil de prud'hommes est saisi d'une demande de qualification de la rupture du contrat de travail à l'initiative du salarié en raison de faits que celui-ci reproche à son employeur, l'affaire est directement portée devant le bureau de jugement, qui statue au fond dans un délai d'un mois suivant sa saisine. Le bureau de jugement du conseil de prud'hommes devra donc statuer sans conciliation préalable.
Dès lors que le conseil de prud'hommes fera produire à la prise d'acte les effets d'un licenciement sans cause réelle et sérieuse, le salarié pourra faire valoir ses droits aux allocations chômage.

http://rfsocial, 20 juin 2014.

ANNEXE 7 **La prise d'acte dans la jurisprudence**

Prise d'acte de la rupture du contrat de travail :
la faute de l'employeur doit empêcher de poursuivre le contrat.

Par trois arrêts en date du 26 mars 2014 et deux arrêts en date du 12 juin 2014, publiés au *Bulletin*, la chambre sociale de la Cour de cassation a retenu comme critère d'appréciation pour faire droit à la prise d'acte de la rupture [...] par le salarié, à ce que le manquement suffisamment grave de l'employeur empêche la poursuite du contrat de travail, comme, par exemple, le manquement lié à l'obligation de sécurité de résultat. [...]

Autrement dit, un salarié ne peut [...] se voir justifier sa prise d'acte que si les manquements de son employeur empêchent la poursuite de son contrat.

Dalida Madjid, avocat, www.village-justice.com

ANNEXE 8 **Articles du Code civil**

Article 1386-1
Le producteur est responsable du dommage causé par un défaut de son produit, qu'il soit ou non lié par un contrat avec la victime.

Article 1386-4
Un produit est défectueux au sens du présent titre lorsqu'il n'offre pas la sécurité à laquelle on peut légitimement s'attendre. [...]

Article 1386-9
Le demandeur doit prouver le dommage, le défaut et le lien de causalité entre le défaut et le dommage.

Article 1386-10
Le producteur peut être responsable du défaut alors même que le produit a été fabriqué dans le respect des règles de l'art ou de normes existantes ou qu'il a fait l'objet d'une autorisation administrative.

ANNEXE 9 **Le fondement de la responsabilité du fait de produit défectueux**

Il s'agit d'une responsabilité de plein droit pesant sur le producteur pour tout défaut de sécurité présenté par un produit défectueux mis sur le marché.

La finalité de cette responsabilité est d'indemniser l'utilisateur d'un produit qui s'est révélé dangereux. Les dommages réparés sont les dommages corporels subis par la victime et les dommages matériels s'ils dépassent 500 euros. Le remboursement du produit défectueux relève d'autres règles de droit (garantie des vices cachés).

Peu importe que le professionnel n'ait commis aucune faute, qu'il soit à l'origine de la fabrication ou simplement de son importation, voire de sa distribution. On peut supposer qu'il est assuré et qu'il ne supportera pas personnellement la charge financière de l'indemnisation de la victime.

Introduction au droit, DCG, Nathan.

L'épreuve de droit à l'examen

FORME DE L'ÉPREUVE

L'**épreuve écrite d'économie-droit** est constituée d'un sujet en deux parties distinctes. Elle est d'une durée de quatre heures. Les deux sujets étant distribués en même temps aux étudiants, ceux-ci doivent organiser eux-mêmes leur temps pour composer. Il faut cependant compter raisonnablement **deux heures pour traiter la partie juridique**.

En droit, le candidat dispose d'un dossier documentaire décrivant une ou plusieurs situations juridiques et comportant un questionnement destiné à guider son travail.

OBJECTIF

Le principal objectif du BTS est à caractère opérationnel. Dans le domaine du droit, il vise à mobiliser des compétences méthodologiques en matière d'analyse de documentation juridique, de mise en œuvre d'outils et de normes en usage.

L'étudiant doit être capable :

- d'**analyser des documents juridiques** et de **qualifier une situation juridique** contextualisée ;
- d'**identifier les éléments de droit positif** qui s'appliquent à cette situation et de les investir dans le cadre d'un raisonnement ou d'une argumentation juridique ;
- de produire un écrit de qualité, utilisant le vocabulaire juridique approprié et témoignant d'une **réflexion** et d'une **argumentation** construites ;
- d'expliciter **le sens et la portée des règles de droit** et de quelques éléments significatifs de jurisprudence.

PRÉSENTATION DE L'ÉPREUVE

La situation juridique à traiter (*cf.* fiche méthode p. 120) débute par une **mise en situation générale du candidat dans un contexte**. Elle est habituellement assez brève. L'étudiant peut être interpellé par le sujet comme s'il était un juriste que l'on consulte.

> *Exemple :* l'étudiant est en stage dans le service « ressources humaines » d'une entreprise. Cette situation amène à lui présenter divers problèmes rencontrés par le DRH.

Les questions sont abordées au travers de plusieurs dossiers.

- La composition des **dossiers** : les sujets d'examen portent sur des parties différentes du programme de 1re année de BTS comme de 2e année.
- Les **annexes** : elles sont constituées de documents juridiques variés (*cf.* fiche méthode p. 120) dont l'analyse pourra être utile, voire indispensable à l'élaboration des réponses.
- La **note structurée** : le candidat doit savoir organiser ses connaissances et structurer sa pensée. Aussi le sujet peut-il demander la rédaction d'une note structurée. Il s'agit simplement d'exposer des connaissances de façon ordonnée, avec une brève introduction et en respectant les consignes formulées dans le sujet (*cf.* fiche méthode p. 122).

Traiter une situation juridique

OBJECTIF

L'exercice qui consiste à traiter une situation juridique permet d'apprécier la **capacité de l'étudiant à appliquer des règles de droit à des cas concrets**. Le candidat est **mis en situation** par un texte introductif, dont émergent divers problèmes qui lui sont soumis sous la forme de **différents dossiers questionnés**. La résolution de ces problèmes s'appuie sur l'exploitation de ses connaissances en droit, mais également sur l'analyse des éléments dont il dispose au travers d'**un dossier documentaire proposé en annexe**.

Les annexes comprennent des documents juridiques variés : décision de justice *in extenso* ou sous forme d'extrait, textes de loi ou article(s) de code(s), contrat ou convention collective (sous forme d'extrait), article de presse, etc. S'il est exclu que ces annexes fournissent toutes les règles de droit susceptibles de guider le candidat, on peut s'attendre à ce qu'elles permettent de faciliter la mobilisation de certaines connaissances, en particulier lorsqu'elles sont techniques ou « pointues ».

DÉMARCHE À METTRE EN ŒUVRE

Le traitement de la situation juridique doit être orienté vers la réponse aux questions du sujet. Toutefois, la démarche suppose un raisonnement qui passe par plusieurs étapes indispensables. Il convient de toujours s'interroger de la façon suivante :

- Quelle est **la situation** à étudier ?
- Quel est **le problème juridique** qui se pose ?
- Quelles sont **les règles de droit** qui s'appliquent ?
- Quelle **argumentation** peut-on développer ? Quelle **solution** doit-on adopter ?

1. Analyser la situation : qualifier les faits (pour identifier la problématique)

La première étape du travail suppose une bonne compréhension de la situation exposée, qui soulève **une problématique à résoudre**. Il faut donc lire avec attention la situation soumise à la réflexion, en déterminant qui sont les personnes concernées et quels sont les rapports juridiques qui existent entre ces personnes.

La qualification consiste à traduire en termes juridiques les faits qui viennent d'être lus attentivement : cela permet de percevoir la problématique et de la rattacher à un cadre juridique, c'est-à-dire aux règles de droit applicables. Concrètement, en pratiquant la qualification juridique, on est déjà sur la voie de la solution. L'important est bien sûr de ne pas se tromper de qualification.

Exemple : ne pas écrire (ni penser) « M. X... est renvoyé par son patron parce qu'il passait trop de temps sur son ordinateur », mais « un salarié est licencié pour avoir utilisé exagérément sa messagerie professionnelle à des fins personnelles, malgré l'interdiction formulée par le règlement intérieur ».

La qualification amène à utiliser la **terminologie adéquate en droit** ; elle permet ainsi d'amener aisément à la formulation du problème juridique.

2. Mettre en lumière le problème juridique

Il faut **identifier la question de droit qui découle des faits** et la présenter sous une forme interrogative. Ne pas oublier que le problème doit être exposé de façon générale, au-delà du cas spécifique.

Exemple : dans quelle mesure et à quelle condition un employeur peut-il sanctionner la violation par le salarié de l'interdiction d'user de façon exagérée de son ordinateur et d'Internet ?

3. Déterminer les règles de droit applicables

Il s'agit d'identifier et d'exposer les règles de droit, à partir des notions connues par le candidat et, éventuellement, à partir des documents annexés.

Dans tous les cas, il est indispensable de bien identifier les parties du cours concernées.

Exemples : les pouvoirs du chef d'entreprise, le règlement intérieur, les droits fondamentaux du salarié.

Ce serait une erreur de croire qu'aller au-delà du sujet est une bonne chose. Au contraire, la recherche et l'exposition de connaissances non indispensables à la résolution du cas pénalisent le candidat en lui faisant perdre un temps précieux sans pour autant valoriser sa copie.

4. Proposer une solution argumentée

Le choix de la solution apportée au problème posé doit être justifié par une argumentation juridique rigoureuse. Il faut s'attacher à tirer les conséquences des analyses précédentes. En réalisant la démonstration juridique, on rapproche les faits, juridiquement qualifiés, des règles de droit qui leur sont applicables.

La rédaction s'appuie sur des transitions claires (« C'est pourquoi... », « Compte tenu de... », « En conséquence... »), qui marquent les étapes du raisonnement suivi.

L'argumentation doit déboucher sur la solution du cas présenté dans l'étude.

Exemple : dès lors que le règlement intérieur ne comporte pas d'interdiction absolue d'utiliser Internet en limitant son usage aux temps de pause, si l'employeur n'a pas consulté un dossier marqué « personnel » pour prendre connaissance des abus de son salarié, la sanction pour violation des dispositions du règlement intérieur est possible, etc.

Dans certains cas, les faits ne sont pas assez précisément énoncés et le candidat est obligé d'envisager une alternative.

Exemple : si l'employeur a pris connaissance du comportement du salarié en consultant un fichier personnel, etc.
Si, en revanche, c'est par un contrôle inopiné, tel que prévu par le règlement intérieur, qu'il a constaté les faits, etc.

Il faut se rappeler que, dans tous les cas, c'est la **qualité du raisonnement** juridique et la **rigueur dans l'expression** de la solution qui sont valorisées de façon prioritaire.

Rédiger une note structurée

OBJECTIF

L'exercice de rédaction d'une note structurée fait partie intégrante de la situation juridique traitée par le candidat au cours de l'épreuve. Il vise à amener l'étudiant à **apporter un éclairage juridique à une interrogation** formulée à son adresse.

> *Exemple issu du sujet de l'épreuve de 2013 :* Dans une note structurée, présentez à M. Gayet :
> - d'une part, les conséquences d'un changement d'employeur sur les contrats de travail de ses salariés ;
> - d'autre part, la forme sociétaire la plus appropriée à ses motivations.

Comme pour les autres travaux sur la situation juridique exposée, les éléments de réponse sont à mobiliser parmi ses connaissances ou à identifier dans les annexes fournies.

DÉMARCHE À METTRE EN ŒUVRE

La rédaction de la note structurée ne se confond pas avec un développement structuré ni, *a fortiori,* avec une dissertation juridique. Il s'agit plus simplement de montrer son aptitude à exposer de façon claire les réponses à une ou plusieurs problématiques formulées sans ambiguïté par le sujet. Seront évaluées la **qualité du raisonnement**, la **construction de l'argumentation**, ainsi que la **maîtrise du vocabulaire juridique**.

1. Analyser le problème et construire une argumentation juridique

À partir de la question à traiter, il faut présenter les règles de droit qui s'appliquent. L'argumentation suppose un enchaînement des propositions que le candidat doit organiser.

La finalité de la note est de proposer un conseil ou un point de vue : l'un ou l'autre doivent être parfaitement **justifiés**.

2. Rédiger en respectant quelques règles de forme

Prévoir une introduction : il est possible de rédiger une introduction qui, de façon rapide, annonce les parties de la réponse. La présentation traditionnelle de la note dans les documents professionnels (émetteur, date, etc.) n'est pas requise ici, pas plus qu'un titre de civilité ou une formule de politesse en fin de texte.

Construire **un plan simple**, de préférence en **deux parties** (trois maximum), chacune éventuellement divisée en deux ou trois sous-parties. Chaque partie peut avoir un titre, en particulier si la note doit traiter des points de droit différents (voir l'exemple ci-dessus). Les sous-parties peuvent être numérotées.

Rédiger dans un style impersonnel. Le candidat doit bannir le « je » au profit du « on » ou de formules neutres (« il apparaît que... » ; « il semble opportun de... »). Pour autant, les formules utilisées engagent leur auteur sur le fond et doivent être parfaitement étayées par le recours à **des termes de droit précis**.

Aucune conclusion n'est à prévoir, les réponses, conseils ou propositions devant se suffire à eux-mêmes.

A

Assurance : dispositif juridique par lequel un assureur s'engage envers un assuré à couvrir un ou plusieurs risques, c'est-à-dire à l'indemniser en cas de réalisation du risque, en échange du paiement d'une somme d'argent, dite prime d'assurance.

B

Base de données : entité dans laquelle il est possible de stocker des données de façon structurée. La notion de base de données est généralement couplée à celle de réseau, afin de pouvoir mettre en commun ces informations, d'où l'appellation de base.

Biométrie : ensemble des techniques informatiques visant à reconnaître automatiquement un individu à partir de ses caractéristiques physiques, biologiques, voire comportementales. Les données biométriques sont des données à caractère personnel car elles permettent d'identifier une personne.

Blog : abréviation de weblog, qui peut se traduire par « journal sur Internet » ; défini souvent comme un site personnel, il s'agit d'un espace individuel d'expression, créé pour donner la parole à tous les internautes.

C

CHSCT (Comité d'hygiène, de sécurité et des conditions de travail) : organe de représentation du personnel dont le rôle est d'assurer l'amélioration des conditions de travail, de la sécurité ainsi que des conditions d'hygiène dans l'entreprise.

CIL (Correspondant Informatique et Libertés) : personne dont la principale mission consiste à veiller en temps réel à la bonne application de la loi informatique et libertés au sein de son entreprise ou de sa collectivité ; sa désignation est facultative.

CNIL (commission nationale de l'Informatique et des libertés) : autorité administrative indépendante chargée de veiller à la protection de la vie privée et des données personnelles, créée par la loi du 6 janvier 1978 relative à l'informatique, aux fichiers et aux libertés, modifiée en 2004.

CGV (Conditions générales de vente) : ensemble des renseignements obligatoirement communiqués au client potentiel par tout vendeur ou tout prestataire de services en ligne dans le cadre de leur obligation d'information précontractuelle prévue par le Code de la consommation.

Contrat d'assurance : contrat par lequel un assureur s'engage envers un assuré à couvrir, en échange d'une prime d'assurance, un risque ou un type de risques définis par les parties.

Cookies : déposer un «cookie» consiste à coller une «étiquette» sur le terminal de l'internaute. Si cette étiquette contient un numéro d'identification unique, le site pourra utiliser cet identifiant pour distinguer un internaute d'un autre, et donc le reconnaître d'une visite à l'autre.

D

Délégué à la protection des données personnelles : personne qui remplacera à terme le CIL en France suite au nouveau règlement européen. Sa désignation est obligatoire sous condition d'effectif.

Dommage : atteinte aux droits d'une personne (personnes physique ou morale), pouvant prendre la forme d'un préjudice matériel, corporel, moral ou écologique, trouvant son origine soit dans l'inexécution d'un contrat soit dans des situations de responsabilité délictuelle.

Donnée personnelle : toute information concernant une personne physique identifiée et identifiable.

Double-clic : dispositif technique imposé par le droit lors de la conclusion d'un contrat sur Internet, pour s'assurer de la réalité du consentement du cocontractant du vendeur en ligne.

Droit d'alerte : droit du salarié d'alerter immédiatement son employeur de toute situation de travail dont il peut penser qu'elle présente un danger grave et imminent pour sa vie ou sa santé.

Droit de rétractation : droit reconnu au consommateur de revenir librement sur son engagement dans le cadre de contrats de consommation spécifiques (en cas de démarchage à domicile, de vente à distance – en particulier sur un site Internet – ou hors des lieux de vente, de crédit à la consommation).

Droit de retrait : droit du salarié de quitter un poste de travail présentant un danger grave et imminent, pouvant résulter, par exemple, d'une défectuosité d'un système de protection. Ce droit s'impose à l'employeur, qui ne peut pas exiger la reprise du travail tant que la situation demeure dangereuse.

Droit moral (de l'auteur) : droit perpétuel, inaliénable et imprescriptible, attaché à la personne de l'auteur et transmissible à ses héritiers, composé de plusieurs prérogatives : le droit de divulgation le droit de repentir ou de retrait, le droit au respect de l'œuvre.

Droit patrimonial (de l'auteur) : droit exclusif de l'auteur d'exploiter son œuvre sous quelque forme que ce soit et d'en tirer un profit pécuniaire ; ce droit peut être cédé à des tiers, il s'exerce durant toute la vie de l'auteur et bénéficie à ses héritiers durant 70 ans après sa mort. Le droit patrimonial comprend deux prérogatives principales : le droit de représentation et le droit de reproduction.

Droit *sui generis* (droit d'auteur) : le droit *sui generis* assure essentiellement une protection de l'investissement consenti pour la création et la gestion d'une base de données. Il appartient au producteur de la base de données qui est la personne qui prend l'initiative et le risque des investissements correspondants.

Droits d'auteur : ensemble des prérogatives exclusives dont dispose un auteur et, plus généralement, ses ayants droit (société de production, héritiers) sur des œuvres de l'esprit originales : le droit d'auteur est l'un des éléments essentiels de la propriété intellectuelle et de la propriété littéraire et artistique.

E

Exonération de responsabilité : règle de droit libérant de l'obligation de réparer le dommage celui qui peut faire état d'une cause étrangère à l'origine de ce dommage (ex. la force majeure), que celui-ci soit d'origine contractuelle ou délictuelle.

F

Fonds de garantie : fonds d'indemnisation destiné à protéger les victimes de l'insolvabilité du responsable de leur préjudice ou de l'impossibilité de le connaître. Ces fonds sont essentiellement financés par les compagnies d'assurance, parfois avec le soutien de l'État, c'est-à-dire par les assurés et plus largement par la collectivité.

Force majeure : type de cause étrangère, exonérant de toute responsabilité délictuelle ou contractuelle (excusant dans ce cas l'inexécution totale ou partielle des obligations contractuelles) ; la force majeure est un événement extérieur, imprévisible et irrésistible.

Franchise (d'assurance) : somme laissée à la charge de l'assuré lors de l'indemnisation du sinistre poar l'assureur ; la franchise est déterminée par le contrat d'assurance.

I

Inexécution (du contrat) : défaillance d'un cocontractant se traduisant soit par le défaut total d'exécution de ses obligations, soit par le retard dans l'exécution, soit encore par l'exécution partielle ou défectueuse.

Inspection du travail : administration chargée de veiller à l'application du droit du travail dans les entreprises, en particulier dans les domaines de l'hygiène et de la sécurité des salariés.

L

Lien de causalité : relation de cause à effet entre un dommage et le fait générateur de ce dommage.

Loi informatique et libertés : loi dont les dispositions visent à garantir la protection de la vie privée des citoyens face aux risques liés aux moyens de traitement automatisés des données personnelles.

M

Médecin du travail : médecin appartenant aux services médicaux du travail, assurant un rôle de prévention en matière de santé des salariés. Le médecin du travail assure la surveillance médicale dans l'entreprise et apprécie l'aptitude des salariés à exécuter le travail qui leur est confié.

O

Obligation de moyens : obligation contractuelle à laquelle est tenue la partie qui s'engage à utiliser tous les moyens possibles pour atteindre un résultat déterminé, sans promettre qu'elle y parviendra.

Obligation de résultat : obligation contractuelle à laquelle est tenue la partie qui s'engage à un résultat sur lequel son cocontractant peut compter.

Obligation de sécurité : obligation contractuelle par laquelle est garantie au cocontractant sa sécurité physique lors de l'exécution du contrat.

Obligation légale de sécurité : dispositions du Code de la consommation imposant au professionnel de fournir des produits et services présentant la sécurité à laquelle on peut légitimement s'attendre et ne portant pas atteinte à la santé des personnes.

P

P2P (*Peer to peer*) : type de connexion Internet qui permet d'échanger des fichiers par une connexion directe sur l'ordinateur d'un particulier (c'est-à dire sans transiter par un serveur) après accord préalable de celui-ci.

Prescription extinctive : impossibilité dans laquelle se trouve le titulaire d'un droit d'en réclamer l'exécution, du fait de son inaction à l'encontre du débiteur durant un délai fixé par la loi.

Prime d'assurance : dans le cadre du contrat d'assurance, somme d'argent due par l'assuré à l'assureur en échange de la couverture des risques assurée par ledit assureur. La prime d'assurance représente le coût de l'assurance.

Principe de précaution : principe au nom duquel des mesures sont prises pour éviter la réalisation de dommages graves pouvant résulter d'un risque potentiel plausible mais non certain d'un point de vue scientifique.

Principe de prévention : principe d'anticipation, à partir d'un risque connu, des mesures permettant d'éviter la réalisation de ce risque et des dommages qui lui sont liés.

Producteur : en droit, fabricant d'un produit fini ou d'un de ses composants, producteur d'une matière première, professionnel apposant son nom ou sa marque sur un produit, importateur d'un produit ou tout autre fournisseur professionnel. Chacun est responsable en cas de mise sur le marché d'un produit défectueux.

Produit défectueux : produit n'offrant pas la sécurité à laquelle l'acheteur ou tout utilisateur peut légitimement s'attendre.

R

Respect de la vie privée : obligation de toute personne de ne pas porter atteinte aux droits individuels fondamentaux d'autrui, tels que l'intimité de la vie privée, le droit à l'image, le droit au secret de la correspondance, etc. Dans le cadre du travail, cette obligation pèse sur l'employeur, spécialement dans l'usage qu'il fait des TIC.

Responsabilité contractuelle : obligation de réparer un préjudice résultant de l'inexécution ou de l'exécution défectueuse du contrat par un contractant.

Responsabilité délictuelle : obligation de réparer un préjudice provenant soit de la violation du devoir général de ne causer aucun dommage à autrui par son fait personnel, soit du fait des choses dont on a la garde, soit du fait des personnes dont on doit répondre.

Responsabilité des commettants : responsabilité prévue par le Code civil à la charge de celui qui exerce son autorité sur un subordonné, par laquelle le premier est civilement responsable des dommages causés à des tiers par le second.

Responsabilité objective : responsabilité civile sans faute, fondée sur une situation mettant à la charge d'une personne l'obligation de réparer le dommage subi par un tiers (ex. responsabilité du fait des choses dont on a la garde, responsabilité du fait des personnes dont on doit répondre).

Responsabilité subjective : responsabilité civile fondée sur la faute d'une personne, obligée de réparer le dommage qu'elle a causé elle-même à un tiers.

Risques assurables : événements dont la survenance est aléatoire, susceptibles de causer un dommage indépendamment de la volonté de l'assuré.

Risques environnementaux : risques liés à l'environnement se présentant sous deux formes : d'une part, les risques industriels ou technologiques générés par l'entreprise qui impactent l'environnement, d'autre part, les risques externes (catastrophes naturelles, accidents, etc.) dont la dimension environnementale impacte l'entreprise elle-même.

Risques psychosociaux : risques professionnels pouvant mettre en jeu la santé physique aussi bien que mentale des salariés ; se manifestant essentiellement sous forme de stress, d'épuisement ou de dépression, ils sont appelés « psychosociaux » car ils concernent l'individu dans sa situation de travail.

S

Sinistre : événement causant un dommage à l'assuré ou à un tiers ; le contrat d'assurance prévoit pour quels types de sinistres l'assureur prend en charge la réparation du dommage.

Site internet : lieu virtuel d'un ensemble d'informations numérisées (textes, images, sons, logiciels, etc.) stockées sur un ordinateur connecté au réseau Internet, appelé aussi serveur. Le site peut être atteint de n'importe quel point du réseau grâce à son adresse web, ou URL (http://www...). Les informations du site sont présentées sur des pages web, ordonnées selon une certaine arborescence et liées par des liens HTML. Ces liens permettent aussi la circulation du visiteur vers un autre site et assurent ainsi la connexion du site avec d'autres points du réseau Internet.

Spam : courrier électronique utilisé dans le cadre du spamming.

Spamming : envoi massif, et parfois répété, de courriers électroniques non sollicités, à des personnes avec lesquelles l'expéditeur n'a jamais eu de contact et dont il a capté l'adresse électronique de façon irrégulière.

Streaming : transfert de données multimédia en continu sur Internet qui permet la lecture du média sans avoir à le télécharger.

T

Téléchargement : opération consistant à enregistrer des données provenant d'Internet sur son ordinateur personnel.

Télétravail : forme d'organisation du travail, choisie contractuellement, dans laquelle les tâches confiées au salarié sont exécutées hors de l'entreprise, en utilisant les TIC.

TIC (technologies de l'information et de la communication) : techniques utilisées dans l'informatique, les télécommunications ou Internet permettant de produire, de transformer, de stocker ou de transmettre l'information.

V

Vidéosurveillance : système de caméras et de transmission d'images, disposé dans un espace public ou privé pour le surveiller.

Crédits photographiques

Couverture : Ian Hanning/Rea

p. 5 : ©JIM WILSON/The New York Times-REDUX-REA **; p. 6 :** apops – Fotolia ; **p. 7 :** Activision **; p. 8 :** lepoint.fr ; **p. 9 :** Andrey Burmakin – Fotolia ; **p. 10 :** photolars – Fotolia ; **p. 11 :** alain wacquier – Fotolia ; **p. 12 :** Myst – Fotolia ; **p. 13 :** goodluz – Fotolia ; **p. 14h :** Le Crédit Mutuel ; **p. 14b :** sdecoret – Fotolia ; **p. 15 :** Elena Belyaeva – Fotolia **; p. 17h :** Africa Stuidi/Fotolia ; **p. 17b :** Onidji-Fotolia **; p. 18 :** Africa Studio – Fotolia ; **p. 20 (contour) :** Mediajon – Fotolia **; p. 20 (contenu) :** Africa Studio – Fotolia ; **p. 21 :** UPFI & SNEP ; **p. 25 :** michaeljung – Fotolia ; **p. 27h :** goodluz – Fotolia ; **p. 27b :** Téva ; **p. 28 :** vector_master – Fotolia ; **p. 29 :** guteksk7 – Fotolia ; **p. 29 (écran) :** M.studio – Fotolia ; **p. 32 :** oneinchpunch – Fotolia ; **p. 33 :** Rawpixel – Fotolia ; **p. 35h :** contrastwerkstatt – Fotolia ; **p. 35b :** Saint-Gobain ; **p. 36 :** Innovated Captures – Fotolia ; **p. 37 :** mikhailrenzhin – Fotolia ; **p. 38 :** Olfeo ; **p. 40 :** click_and_photo – Fotolia ; **p. 41 :** Rido – Fotolia ; **p. 42 :** TV Tours ; **p. 43 :** Lukas Gojda – Fotolia ; **p. 45 :** Christophe Fouquin – Fotolia ; **p. 47 :** Werner Fellner – Fotolia ; **p. 48 :** Robert Kneschke – Fotolia ; **p. 49h :** Paty Wingrove – Fotolia ; **p. 49b :** Gilles Paire – Fotolia ; **p. 50 :** thodonal – Fotolia ; **p. 51 :** japolia – Fotolia ; **p. 53 :** Andres Rodriguez – Fotolia ; **p. 54 :** mwtierfoto – Fotolia ; **p. 56 :** jedi-master – Fotolia ; **p. 57 :** highwaystarz – Fotolia ; **p. 59h :** RonFullHD – Fotolia ; **p. 59b :** Photo PQR/La Dépêche du midi ; **p. 60 :** T. Michel – Fotolia ; **p. 61 :** extender_01 – Fotolia ; **p. 63 :** Jérôme Rommé – Fotolia ; **p. 64 :** Alliance – Fotolia ; **p. 65h :** News Assurances/Maaf ; **p. 65b :** INA/France 2 ; **p. 66 :** lina0486 – Fotolia ; **p. 67 :** Photographee.eu – Fotolia ; **p. 69h :** micheldouliez – Fotolia, **p. 69b :** narongcp – Fotolia ; **p. 71 :** www.eat-better.org – Groupe Les Verts/ALE au Parlement européen ; **p. 73 :** auremar – Fotolia ; **p. 75 :** aleksandra_1981 – Fotolia ; **p. 77 :** antiksu – Fotolia ; **p. 78 :** matteo – Fotolia ; **p. 79 :** endostock – Fotolia ; **p. 81 :** Val Thoermer – Fotolia ; **p. 83 :** michaeljung – Fotolia ; **p. 84 :** Buchatska Nina – Fotolia ; **p. 85 :** flai-rimages – Fotolia ; **p. 86 :** INA/France 3 ; **p. 87h :** mertcan – Fotolia ; **p. 87b :** Gino Santa Maria – Fotolia ; **p. 89h :** ©HAMILTON/REA ; **p. 89b :** TRIPELON-JARRY / ONLY France ; **p. 90h :** brat82 – Fotolia ; **p. 90 gauche :** Dmitry Vereshchagin – Fotolia ; **p. 90 droite :** SS – Fotolia ; **p. 91 :** Malte Reiter – Fotolia ; **p. 92 :** Africa Studio – Fotolia ; **p. 93 :** katiah – Fotolia ; **p. 94 :** st-fotograf – Fotolia ; **p. 95 :** F.Schmidt – Fotolia ; **p. 97h :** M.studio – Fotolia ; **p. 97b :** alphaspirit – Fotolia ; **p. 98 :** freshidea – Fotolia ; **p. 99 :** fotoart-wallraf – Fotolia ; **p. 101 :** ©Patrick ALLARD/REA ; **p. 102 :** Nelos – Fotolia ; **p. 105 :** MacX – Fotolia ; **p. 106 :** ONCFS ; **p. 107 :** Robert Kneschke – Fotolia ; **p. 111 :** Kzenon – Fotolia ; **p. 112 :** terex – Fotolia ; **p. 114 :** michaeljung – Fotolia ; **p. 115 :** Igor Mojzes – Fotolia ; **p. 117 :** Unclesam – Fotolia ; **p. 118 :** bussiclick – Fotolia.

N° de projet : 10217591
Dépôt légal: février 2016
Achevé d'imprimer en Italie par Grafica Veneta - Trebaseleghe